HOW TO TEACH SO STUDENTS REMEMBER, 2ND EDITION

[美]
玛丽莉·斯普伦格
Marilee Springer
著

老师怎么教学生才能记得住

高效记忆是学生学习成功的基石

中国青年出版社
CHINA YOUTH PRESS
中青文传媒

图书在版编目(CIP)数据

老师怎么教，学生才能记得住 /(美) 玛丽莉 · 斯普伦格著；韩小宁，刘白玉译.
—北京：中国青年出版社，2019.1
书名原文：How To Teach So Students Remember，2 nd Edition
ISBN 978-7-5153-5306-7
Ⅰ.①老… Ⅱ.①玛… ②韩… ③刘… Ⅲ.①教学法—研究 Ⅳ.①G424.1
中国版本图书馆CIP数据核字（2018）第215211号

老师怎么教，学生才能记得住

作　　者：〔美〕玛丽莉 · 斯普伦格
译　　者：韩小宁　刘白玉
责任编辑：胡莉萍　肖颖慧
美术编辑：张燕楠
出　　版：中国青年出版社
发　　行：北京中青文文化传媒有限公司
电　　话：010-65511270/65516873
公司网址：www.cyb.com.cn
购书网址：zqwts.tmall.com
印　　刷：大厂回族自治县益利印刷有限公司
版　　次：2019年1月第1版
印　　次：2021年6月第3次印刷
开　　本：787 × 1092　1/16
字　　数：200千字
印　　张：17.5
京权图字：01-2018-4992
书　　号：ISBN 978-7-5153-5306-7
定　　价：48.00元

目 录
Contents

第二版前言

Preface

学习，是我们获取知识的过程，记忆则是我们保存知识的过程。教育是不断促进学习的过程，而神经科学则是试图了解学习和记忆是如何发生的。记忆，是将我们的脑力活动连接到一起的黏合剂。

——埃里克·坎德尔（Eric Kandel）

很高兴能够有机会编写本书的第二版。神经系统科学家们正在致力于寻找更多的策略来帮助当今的教师们，他们可以被称为改变头脑的人、枝晶种植者，甚至是神经系统教育者。因为大脑展现出很强的可塑性，学生在课堂上所学习的知识和技能，将会并且能够带来神经学的改变。

有关学生大脑最重要的变化大都跟记忆有关。我们通过不断地运用先前获取的知识——长时记忆——来认识我们所处的世界。我们通过感官记忆获取新知识，通过工作记忆牢固记住这些知识，并将其放入长时记忆中以备后用。所有这些都是通过一系列的电流和化学反应连接的。

记忆研究方面，有一位我非常敬重的研究者是丹·沙克特（Daniel

Schacter），他著有《寻找消逝的记忆》（*Searching for Memory*，1996）以及《记忆的七宗罪》（*The Seven Sins of Memory*，2001）。当我半夜醒来，突然有了这个想法，即要把教学中的记忆分解为七个步骤时，我首先想到要联系的人就是沙克特。为什么是七步呢？因为我们把学习过程分解得越详细，施加给学生在记忆储存方面的压力就会越小。记忆工作如果一次性处理的信息过多，将无法正常运转。如果记忆储存不能正常运转的话，长时记忆就不能够保存知识，而恰恰是这两者之间的过程创造了记忆。

想一下，你过去是怎样学习知识的。或许，最近你学习了打高尔夫，说一门外语，或者使用某种新的电子设备。它们之间奇妙的相通之处是，在学习这三种技艺时，你所经历的过程是完全相同的——对于其他知识的学习，也是一样的道理。

首先，你有意识地做一个关于学习什么的决定。不知道为什么，这个想法一直在你脑海中，使得你想进一步采取行动。你去了解它，反复思考它，并选择应该采取哪种方式来学习，并开始吸收相关的知识。你的教练或者老师会分享给你知识，随后你将其变为自己的理解。到目前为止，他们也对你的理解给出反馈。你会做出必要的更正，并通过不断的练习来继续学习。当你在进步时，你会设法考虑要怎么运用新知识、新技能。你选定了某个日子来小试牛刀，在这之前，为了确保万无一失，你会先进行最后一次复习。当大展身手的日子来临时，你从记忆中搜索正确的话语和行为，因为已经练习了太多遍，你的记忆并没有让你失望，你通过掌握必要的知识和能力，达到了你的目标。这整个的学习过程，你实际爬升了七个不同的步骤：

第一步：了解学生。你发现了想学习的内容，或者被激励的想去学习，并开始了学习过程。

研究表明，我们必须让学生参与进来，才能使他们更有效地掌握知识（Marzano，Pickering & Heflebower，2010）。为了实现这个目标，我们的教室必须以学生为中心，而非以教师自己为中心。个性化学习、问题导向型学习、项目导向型学习以及探究性学习是确保课程以学生为中心的一些广受欢迎的方法，因为知识是通过感官记忆接受的，在设计学习体验时，我们应慎重考虑以下几点：新颖性、学生的需要、选择性、注意力、驱动力、情绪以及意义等。

第二步：反思知识。对自己的做法进行思考，这些做法对你的人生有什么意义呢？有个流传已久的玩笑，是这样说的：教学就是教师直接把自己的笔记变成学生的笔记，双方都不需要经过大脑的思考。有些情况下，我相信学生在机械化地记笔记，完全不会思考其中所呈现出的真实含义。给学生时间让他们“仔细思考学习”（Rogers，2013），有助于学生从新知识联想到旧知识，这种记忆储存过程可以帮助学生进行更高层次的思考。

第三步：重编信息。将学到的新知识用语言表达出来，这样教练或者老师可以知道你已经学会了。

重编信息是将大脑中的信息从多个层次组织起来的一种方法——它是记忆保留过程中的一个必要步骤。学生需要接收信息并将其内化，即学生通过对记忆储存过程中的信息进行加工，并提取长时记忆中的已学知识，便可以将信息内化，并借助语言、图片、声音或动作等方式表达该信息。因此，以这种方式生成的信息更利于学生记忆。

经过重编的信息已经成为一种记忆，有助于触发学生对概念的理解。

第四步：巩固反馈。根据从你的老师那里反馈而来的意见，来决定是应该从头重新学一遍，还是继续后面的学习内容。

在重编信息阶段，教师可以了解学生对知识的理解是否达到了他们的期望。通过教师提供的循环反馈环节，使学生对概念知识的理解和记忆过程更加完善。动机性反馈、信息性反馈或发展性反馈在此阶段对巩固学生的知识起到了重要的作用。在学生对概念的误解转化为牢固的长时记忆之前，该步骤有助于教师纠正学生的误解。

第五步：运用知识。不断地练习、练习、再练习！

机械记忆和意识识记都可以帮助信息转化为长时记忆和永久记忆，学生做不同的练习能促进他们进行更高阶的思考，如知识的应用、分析和创建等。

练习策略和间隔效应有助于教师和学生培养最佳的练习技巧。此外，睡眠对于长时记忆的储存也非常重要。

第六步：复习知识。在展示新才能之前，你需要先回顾一下你所学的知识。

运用知识有助于将信息放入长时记忆中，复习知识则有助于学习者检索知识并在记忆储存中运用这些信息，最终该信息会再次转化为长时记忆。当教师帮助学生准备高难度的考试时，必须配合教学指导、复习知识和考核标准，使学生有机会实现最佳表现。此外，教师帮助学生复习知识时应该教会学生有关的应试技巧。

第七步：提取记忆。当使用新知识时，你可以提取在学习过程中获取的记忆。

考核方式可以影响学生提取长时记忆的能力。长时记忆的提取不仅依赖于特定的暗示，还需要识别技巧和回忆。压力会阻碍记忆的提取，因此教师应该适当地帮助学生减缓压力。

本书将详细讲解这七个步骤，并将其一一分解，以便教师能够使用这些步骤。有些步骤可能你在课堂上使用过多次，但是也有一些步骤可能被忽略，如反思知识、重编信息、运用知识等。以下的章节将论述如何开展这七个记忆步骤、促进更高阶的思考以及这两种活动与大脑活动和大脑研究之间相互联系等问题。教师可以按每个步骤的指示去做，根据大脑学习的方式来教会学生记忆的方法，利用基于研究的策略，使学生在新的不可预测的情况下依然能够传递信息。当学生们在每个记忆步骤上都有所提高时，就会形成更强大的记忆力和更高级的思考能力（见图1）。

本书第二版对于大脑反思新知识和记忆过程的内容进行了更新，对学习内容也进行了更新，包括以下话题及观点：

- 使用逐步释放的责任模式，尤其是巩固反馈环节：设想一下，如果学生能够自我反思，那会是怎样的一幅场景啊！
- 有关家庭作业的最新研究：作业量应该是多少？在什么情况下应该布置作业？
- 有关睡眠和记忆的最新研究：毫无疑问，睡眠对于学生记忆具有至关重要的影响。
- 运动如何优化记忆：运动能够促进释放某种化学物质，帮助大脑提高专注力和长时记忆能力。
- 有关反馈的最新研究：给出反馈的时机、频率及形式分别是什么？

图1　学习/记忆循环的七个步骤

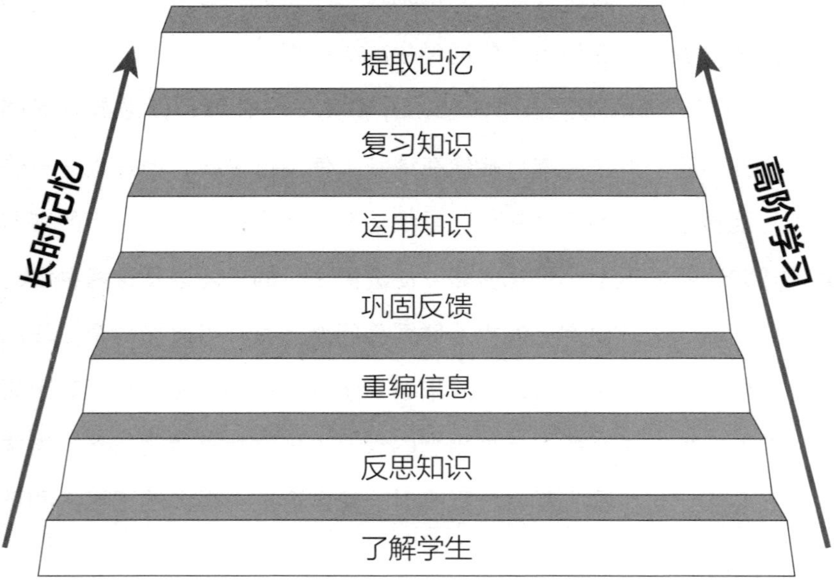

- 马斯洛需求层次理论的新视角及社交性大脑的重要性：为了实现有效学习，应该首先满足学生哪些基本的需求？
- 成长性思维的重要性：相信任何人都有能力学习，这对于有效学习至关重要。
- 对于神经递质的最新研究：刺激大脑的神经递质有哪些？它们是怎样释放出来的？当目标达成时，对神经递质有怎样的影响？
- 对于复习知识进行元分析的结果：复习知识有哪些最新最有效的方式？复习环节应该有怎样的时间间隔？
- 分块学习知识的方式：这种说法已经延续了多年。现在，我们来看一下怎样去做吧！

- 有关考前测试的新观点：我们能在预评估阶段了解学生状况吗？我们如何进行预估？如何处理所得到的数据？
- 有关元认知的新成果：这不只是思考你现在思考什么，而是在你思考的时候思考。这听上去有点绕口，但却是非常有道理的。

本书依然保留了第一版中的“要点提示”部分，这贯穿于每个章节中。有的直接引用当代学者对某个主题的观点，有的是关于神经科学的点滴发现，而有的则是来自（外）祖母的生活小常识，（外）祖母可能是个没有学位的神经科学家。如果我们真的听从了智慧的长辈们的意见，我们的大脑和身体就能够更好地发挥作用。更多的玩耍、更多的运动、吃更多的蔬菜和水果，少摄入一些人工制品；听更多的音乐、多一些彼此倾听；养只小猫或小狗当宠物、每天都保持微笑，多一些欢笑；友善地待人待己——正如（外）祖母所教导的，如果我们都简单地照做了，我们如今的记忆力就会更好，大脑也会更活跃，我们也会有更多的朋友（这对大脑是非常有益的），或许，我们也可以更长寿，让世界变得更美好。

思考

我建议，教师在完成七个记忆步骤的每一步之后，都要进行自我反思，每章的结尾部分都专门提到了一个思考环节。如果你还没有思考自己读过的内容，那么，你可以在阅读该环节的同时对自己的教学进行反思。在阅读本书时，你可能会想到一些问题，现在请思考：

你如何回答自己想到的问题？这与你的现状有什么联系？如果你在阅读本书的时候记笔记或划重点，请回忆相关的问题，并思考它们为什么对你这么重要？如果你需要了解更多的信息，可以翻到参考书目部分进行查询，或继续阅读其他的章节！

第一章

了解学生

对大多数人来说，我们最喜爱的老师是那个真正关心或激励我们的人，那个了解我们和帮助我们的人。

——乔纳森·科恩（Jonathan Cohen），

《身心教育》

当时我教的是一个八年级的班级，这个班共有29名学生，他们的家庭背景和个人背景都很复杂，这个班级也让我感到很棘手。这个班里，有4名学生曾被其他学校开除，2名学生的哥哥参与了帮派活动，17名学生来自单亲家庭，还有几个学生需要靠福利救济度日，1名学生的父亲至今还在监狱里服刑。

开学第一天，我反复向学生们强调要遵守《学生手册》里的规章制度。然而，有些学生却不以为然地发出笑声，并说些冷嘲热讽的话——他们说的声音很小，所以我根本听不到他们在说什么。接着，我把教材发给他们，将他们的紧急联系人卡收齐，第一天终于结束了。

第二天，我决定带学生们一起进行“阅读漫步”，阅读一篇关于社会研究的文章。最近，我刚刚在书中看到一个观点：教师在讲解课文之前先让学生了解课文的相关信息，有助于他们在听课过程中，更好地理解该课文。结果，我刚开始讲解没多久，有两个学生就因为课文内容开始了口水战，另有15名学生随后也加入了混战。我的教室旁边就是校长办公室，我真担心校长会听到教室里的喧闹声。我的心跳加速，不时地看着教室里的钟表，盼着快点下课。但是我却没有这样的好运气，我想知道电视和电影里的老师是如何每次都能“被下课铃声解救”的。我打开课桌里的抽屉，拿出一个哨子，用力吹响。哨声一响，学生马上就安静了下来。虽然有的学生很吃惊，有的学生很不高兴，但是他们没有出声。接着，我给他们布置了一个快速作业——画一幅与任何他们感兴趣的历史事件有关的图画，然后，我坐下来等着下课。

下课铃响了，我被学生们推搡着挤出了教室门外时，撞到了一个同事。我看着他，无可奈何地说：“我不能教这些学生了！”

他定睛看着我，然后回答：“我相信你肯定能够做得很好，但是，你首先要吸引他们的注意。如果做不到这点，我想你该考虑换份工作了。”

他的话令我很惊讶，但我知道他说得对。于是我开始思考，我是如何与以前教过的学生进行沟通的。我很清楚，当时哨子声之所以能镇住那帮学生，仅仅是因为这对他们是个新招数。我是否应该再想些新奇的方法来吸引学生的注意呢？什么样的方法对这帮学生有效呢？看来，要与我的学生们进行沟通，我应该引起他们的关注，我也应该通过沟通与他们建立紧密而良好的关系，了解他们的学习方式，使用和他们的生活密切相关的教学材料。

刺激、注意力和学习

我们每天都受到各种感官刺激的轰击：每秒钟有2000字节的信

息会进入大脑过滤系统（Willis，2009/2010），神经科学家麦克尔·格赞尼加（Michael Gazzaniga，1999）认为，人脑仅能记住百分之一的信息。教师要帮助学生记忆感觉信息已是不易，还要帮助学生记忆语义信息，更是难上加难。美国精神病学和神经病学委员会的专家尚恩·凯莉（Shaun Kerry，2002）认为，某些事件或信息能否保留在记忆里，取决于个人对此题材的喜爱程度，以及它对人的印象、情感、听觉和视觉四个方面对个体的影响。

过去，一提到“注意力”，我总会想到“注意力持续时间”。比如，我能抓住学生注意力多久，他们才不会走神呢？据我所知，学生注意力的持续时间长度为学生年龄对应的分钟数。譬如，一个七岁的学生的注意力持续时间为七分钟。

学生们对学习还没有形成集中的注意力时，就应该有意识地训练他们学习时的注意力。请看以下描述的场景：

现在是“写作研讨班”的时间。这些三年级的学生分散开地在房间里坐着，一些学生在和同学讨论如何写作文，教室里不时传出嗡嗡的谈话声。他们的老师正在和J. D. 谈话。

卡蒂在桌旁安静地坐着，反复阅读自己写的有关最喜爱的书籍的文章。她一边读，一边不时地停下来，通过画图来描绘书中的一段情节。这时，吉米凑近，来问她借一支蓝色的记号笔，卡蒂停下来，把记号笔递给她。吉米看了一眼卡蒂画的图，顺便问了几个有关这本书的问题，卡蒂一边给图画里的房子涂颜色，一边给吉米讲述书中的人物和场景。这时，安吉洛打断了她们的谈话，因为他想从卡蒂坐的书桌上拿本书，他为打扰了她们而道歉，然后开始寻找那本书。这样卡蒂不得不站着涂颜色，并继续和吉米说话。

这时卡蒂瞥见了安吉洛在找的那本书，于是，她右手继续涂颜色，左手把安吉洛要的书递给了他，安吉洛向卡蒂道谢后，回到了座位，与同学们一起相互校对作文。这边，卡蒂对书中故事情节的描述激起了吉米的兴趣，她问卡蒂那本书的作者姓名，但是，卡蒂已经把书借给了坐在对面的蒂芙妮。于是吉米和卡蒂都去问蒂芙妮这本书的作者是谁，在等待蒂芙妮回答的时候，她们继续交流着。吉米很喜欢卡蒂的画，并对这本书给出了一些评论，卡蒂认真地听着。这时，卡蒂也听到了蒂芙妮的声音，她在告诉吉米谁是书的作者。卡蒂拿起一支绿色的记号笔，在房子旁边画了一棵大树。这时蒂芙妮正在念作者的名字，而吉米随即也回到了自己的座位上。

脑研究认为获取注意力有四个重要的标准：需求性、新奇性、有意义及有情感（Tate，2016）。安德森（Andreason，2004）认为，注意是一个认知过程，它可以帮助卡蒂忽略掉不相关的刺激源（例如，外界学生间的谈话声），注意重要的刺激源（例如，她的文章、她画的画、吉米的赞赏），也可以从一个刺激源转到另一个刺激源（例如，从和吉米谈话转到画画，从和安吉洛说话转到和吉米、蒂芙妮说话）。她还可以平衡图画里的视觉信息；而当她听吉米和蒂芙妮说话时，她注意到了听觉信息；至于她的触觉信息则包括画画、帮安吉洛拿书、递给吉米记号笔等。

安德森把注意力分成五种类型：持续性注意力、针对性注意力、选择性注意力、分配性注意力和集中性注意力。

- **持续性注意力**。指的是长时间集中精力。例如，教师在设计教案或制定考核标准时需要保持持续性注意。

- **针对性注意力。**通常会在我们从周围海量的刺激源中有意识地选择某一个的时候发生。例如，某个学生在课堂上捣乱会引起教师的注意。

- **选择性注意力。**指个体出于个人原因或合理的原因，集中精力留意某个特定的刺激源。例如，某个学生在课堂上有可能选择去听另一个学生的窃窃私语，而不听老师讲课。

- **分配性注意力。**是在我们把注意力快速地从一个事物转移到另一个事物时发生。例如，学生边做作业边看电视，就是使用了分配性注意力。

- **集中性注意力。**是指注意指向某个刺激源的特定方面，比如当学生做网络调查时，遇到某个关键问题，教师会提醒学生注意那些问题的答案。这就是集中性注意。

注意力对思考过程至为重要。大脑可以扫描环境，通过过滤感觉信息来寻找可以关注的事物。虽然大脑总是对事物保持注意，但学生不一定能按教师所希望的、一直对某些事物保持关注。

注意力的生物学依据

注意有三个要素：唤起注意、转向注意和集中注意（McNeil，2009）。网状激活系统（见附录A）通过发射一定数量的神经递质来控制唤起水平，去甲肾上腺素和多巴胺对前额叶的刺激改变了脑电活动，并促使我们警觉。这时，顶叶从目前的刺激物分离，我们就可以转向新的刺激源，因为丘脑给前额叶带来了新信息，它随后控制了局面，使我们能够集中注意力，它也有能力抑制其他感觉刺激以帮助我们保持注意。扣带回有助于我们保持注意（McNeil，2009）。海马回在这一过程中起着很大的作用，由于海马回提取了大量的回忆，如果网状激活系统对一些感觉刺激起反应，海马回就能够把它和以前的经历进行比较，并确定其新奇性（Ratey，2008）。

这个生物信息证明了教学可以强化注意过程，也就是说，扣带回能够对它关注的事物保持注意，教师设法引起他们的注意就可以实现这一点。

已经是晚上七点了，诺亚还在玩他的平板电脑，但是他玩得太入迷了，根本不知道现在是几点钟。电脑一直在提示电量低，但是诺亚就是不停下做游戏去找充电器。突然，电脑关机了，他只好满屋子找充电器，然后插上电源。在等待电脑有足够的电量才能重新开机的时候，诺亚看了一眼时钟。他刚才丝毫没有意识到，时间过得如此快。

诺亚的网状激活系统唤醒了他，这时他意识到自己还有一大堆功课要做。很明显，他刚才没有意识到时间过得这么快。

诺亚看着他的一大堆书，开始确定做每门功课的优先次序："让我先想想。明天我可以在公交车上做英语作业，而数学作业挺难的，需要妈妈的辅导。现在先做数学作业，然后再练习单词拼写，老师说要测验单词拼写，我得好好复习。"

诺亚之所以记得要做功课，正是收到了前额叶的指示，它们还可以帮助他做计划和排列优先次序。他"需要"妈妈帮忙做数学作业，这才引起了他的注意。

诺亚从书堆里拿出数学书，打开笔记本，全神贯注地做功课。妈妈开门进来看他，他都没听到。

这个例子说明诺亚的丘脑过滤了那些使他无法集中注意力做数学作业的感觉刺激源。

要点提示：没有输入信息的意识，外显学习就不可能发生。

动机和意义

杰里米和乔是好朋友，两人从幼儿园开始就是同学，两人的妈妈是同一个读书俱乐部里的成员，他们的爸爸也常在一起打高尔夫球。

一个阳光灿烂的星期六下午，杰里米和乔打算前往棒球馆打球。棒球赛季快到了，他们希望能够从初级校队转到大学校队。两人拿着球拍刚准备出发，这时乔的爸爸来了。

他说："嘿，孩子们，下午和我们一起去高尔夫球场如何？我们希望有两个出色的球童。"

一听到这话，杰里米立刻喜出望外。"太好了，我可以帮你们计分，今天天气这么好，在室外运动太棒了！乔，你说是吧？打完高尔夫之后我们可以再去棒球馆。你不是说自己一直都想学打高尔夫球嘛，这可是个好机会。"

但乔心里并不这么认为。他爸爸看着乔没有出声，又看到他不是很乐意的表情，就叹了口气说："好吧，乔，我知道你不情愿这么做，但是我会给你补偿的。”

乔点头说：“好，有钱我就去。但是这次的酬劳要多于10块钱，这是你上次给我的价——这次你给我10块钱，我可不干。”

两个有相同兴趣的男孩，对此事的反应却截然不同，这主要是由于两人不同的动机。乔当球童是受到外在动机（钱）的驱使，杰里米当球童则是受到内在动机的驱使，他乐于做此事。对杰里米来说，想当球童的做法包括了要抓住注意力的四个标准中的三个：有需求（“他可以帮忙计分”），有意义（他可以借此在好天气里和朋友及朋友的爸爸一起活动），有情感（他能够从中得到快乐）。

我们为什么做所做的事

玛利亚姆·韦氏（Merriam Webster，2003）将动机定义为“使人付诸行动的事（例如，人的需求或愿望）”（p.759）。上课时，当我问学生们有什么需求的时候，他们给我列了一张长长的清单，有趣的是，这张清单上根本没有提及我的授课内容。换句话说，学生们往往认为学习阅读、数学、历史、科学、写作等科目都是不必要的！为了激发学生的学习动机，教师应该向他们证明授课内容是必须的，或者是他们想学的。

内在动机来自内部——取决于大脑是否认为这种欲望或需求是愉悦的或是重要的。当我们受到内在动机驱使时，大脑会释放如多巴胺和肾上腺素等神经递质（Burns，2012），这些化学物质促使我们“起来，出发”，这是达到目标的必要条件。当目标达成时，这些神经递质会再次释放。多巴胺是种令人愉快的化学物质，它促使我们希望再次达成目标，以重复这种美好的感觉。

与内在动机不同的是，外在动机和奖励、惩罚有关。有些研究人员，如埃尔菲·科恩（Alfie Kohn，1993）认为，外在动机会改变大脑的关注点，从实现目标，转变为渴望实现目标，来获得实质性奖励或避免惩罚。学生获得奖励时，有助于多巴胺的释放，大脑会养成对获得奖励的良好感觉，而非对获得成就本身的良好感觉。

在以上的例子里，杰里米从他的经验和学习中寻找感觉良好的神经递质，而乔只是从实际报酬中获得良好感觉。许多研究发现，要提升人的幸福感和愉悦感，就需要不断增加外在的奖励。因此，10美元并不能使乔像以前那么高兴，他要求更多的报酬。

要点提示：培养注意力和动机都需要引发需求，有新奇性、有意义、有情感。

马斯洛需求层次理论

根据亚伯拉罕·马斯洛（Abraham Maslow）的理论（见图1.1），在大脑的注意力集中到提高学习成绩之前，某些需求应先得到满足。马斯洛的需求层次从生理需求开始，接着上升到安全需求、归属需求和爱的需求、自尊需求，最后是自我实现需求（Maslow，Lowery，1998）。

- **生理需求**。这包括基本的生存需求。食物、饮水、住房和穿衣都属于这类需求，例如，当学生感到饥饿时，这种填饱肚子的需求会

图1.1 马斯洛的需求层次理论

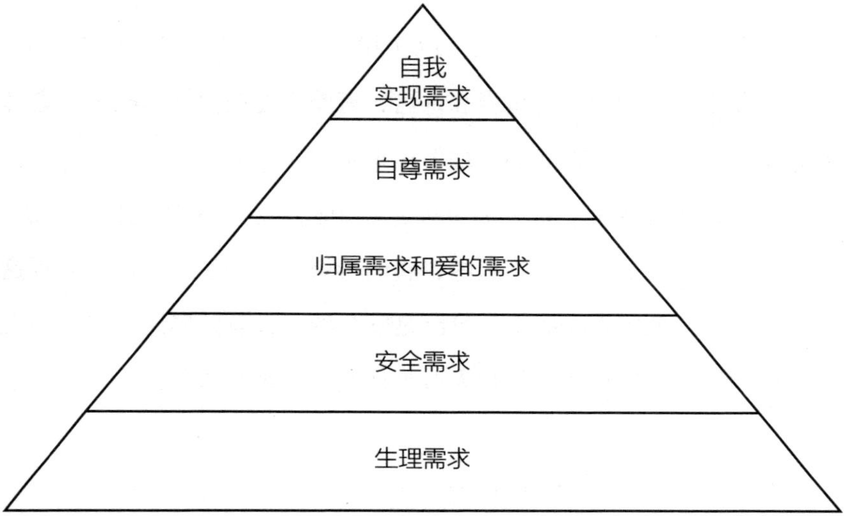

排在所有需求中的第一位，因为人的注意力通常集中于没有得到满足的需求。

- **安全需求。**安全感、不受威胁和可预测性对大脑的安全需求而言，都非常重要，一旦上述生理需求得到满足，大脑就会集中于安全需求，或转向下一个层次的需求。如果学生在课堂上具有安全感，不必面对潜在威胁，他们的注意力就会不受干扰，保持集中状态。

- **归属需求和爱的需求。**这两种需求被视为大脑的主要动力来源。当人们的生理需求得到满足，并具有安全感的时候，他们就想要克服孤独感。人们和自己的朋友、配偶、孩子等之间的良好关系给他们提供了一种归属感。那些与老师或其他同学有着良好关系的学生，大脑会释放5-羟色胺和多巴胺等神经递质，使他们感觉良好，动力十足。

- **自尊需求**。自尊、成就、成功和良好的名声都属于这类需求。学生在课堂上受到他人的重视和认可，有助于他们保持专注力，老师的重视和认可，会使得他们更加努力地学习。
- **自我实现需求**。这一需求被界定为充分发挥个体能力的层次。若达到了这个级别是很了不起的，我们希望所有的学生都可以做到这一点，但是，他们首先要知道自己是安全的、具有归属感并得到别人的重视和认可，这样才能像别人尊重他们一样来尊重自己。

利伯曼对基本需求的看法

神经科学家马修·利伯曼（Matthew Lieberman，2013）认为，马斯洛的观点是错误的。因为人一出生要完全依赖他人提供食物、住所等，利伯曼将马斯洛的需求层次做了一些修改（见图1.2）。他认为，被社会排斥所造成的伤害如同生理上的疼痛一样剧烈，因此，人最强烈的需求应该是被社会接纳。

在学生们看来，从属于某个社交团体甚至比满足饥饿和其他基本需求都更重要。例如，我的一个七年级的学生卡克莎有一次差点尿裤子，因为当时她想上卫生间，但是女孩子们恰好在那时要对排球队进行分组，她担心如果她不在现场的话，有可能会落选。

为了更好地了解学生，我们必须了解他们的需求并尽力满足，这样，他们才会注意到教师希望他们学习和记忆的知识。

图1.2 利伯曼版本需求层次理论

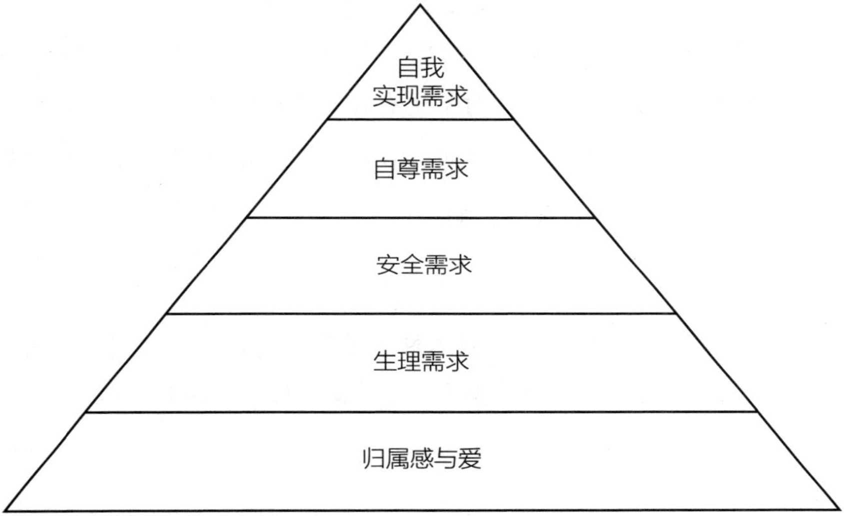

格拉瑟的选择动机理论

威廉·格拉瑟（William Glasser，1999）在《选择理论》（*Choice Theory*）一书中，提出了五个同等重要的需求：生存、归属和爱、权利、自由和乐趣。该书封面有一句话体现了他的观点："选择自己追求的生活方式，并和需要的人建立密切的关系。"

根据他的理论，我们可以得出结论：教师给学生提供一些选择（如给他们一定的权利和自由），可以使他们对自己所做的感觉良好，因而也更加有动力，更加专注。归属和爱的需求陈述了后半部分，意味着人们要跟需要的人建立密切的关系。因此，学生需要和老师、同学建立亲密的关系，知道自己可以信赖他们并向他们寻求帮助。

布洛菲（Brophy，1987）认为，学生的学习动机是在日常生活中培养出来的能力，又通过“效仿别的学生、沟通各自的期望，以及向他们学习取经和与他们交往的过程”得以激发的（p.14）。因此，课堂上教师如何与学生交往、对学生有什么样的期待、如何与学生沟通，以及如何为学生树立典范等，这样的课堂氛围都会对学生的学习动机和注意力产生重要的影响。

要点提示：如果人的基本需求没有得到满足，大脑就无法专注于学习。学生对基本需求的定义可能与我们不同。

情绪如何影响学习

瓦内萨正在学校仓库里寻找美术作业的素材。美术并非她喜爱的科目，她对素材的选择也表明了她在创意方面花的功夫还不够：她收集到的素材只有记号笔、纸和尺子。这次的作业是描绘“我理想的地方”，但她对此一点头绪也没有，因为还有另外两个作业要完成，所以她不想花太多的时间在这个作业上。当她在一条过道上走下另一条过道时，看见杰西向她走来。杰西是个“全能型学生”，既会跳芭蕾舞，又会弹钢琴，写的文章还获过奖，非常多才多艺。杰西喜欢做“我理想的地方”这样的作业。杰西的确很聪明，她也乐意让别人知道自己很聪明。

瓦内萨注意到杰西已经大有收获，她怀里抱着一大堆胶水、发光饰物、棉花、泥土和颜料等物品。她想往另一个方向走，避开杰西，以免听杰西对自己大谈特谈她对作业的想法。但是太迟了，杰西已经向这边走来，看到瓦内萨收集到的那一丁点素材时，杰西笑了笑，并把自己那一大堆素材特意地往瓦内萨面前推了推。她瞟了一眼瓦内萨拿着的记号笔，问："你刚刚开始收集材料吗？"

瓦内萨知道这些材料的确少得可怜，就说："是啊，我刚到这里，只拿了些常用的东西，我还要回去再选些有用的材料。"

"那么，你打算怎么做作业？"杰西问。对此，瓦内萨怀疑杰西是为了探听别人的想法，好让自己的创意看上去独一无二。

瓦内萨在脑子里飞快地想着答案："哦，我理想的地方是个秘密地方，我只和朋友分享。等会儿我要和她们聊聊，看看用这个地方做作业是否合适。"瓦内萨心想，这样的回答一定会让杰西停止发问，因为杰西可能没有一个可以和朋友分享的地方呢！

"哦，我理想的地方是夏威夷。我们家每年都去那里待上两个星期，那里有漂亮的沙滩和可怕的火山。我也和美术老师谈了我的想法，他特别期待着看到我的作品。"杰西很随意地聊起了她种的植物和去过的地方，这些瓦内萨从来没有听说过。瓦内萨的思绪漂浮，几乎没有听清杰西说的话，直到杰西最后说了一句："瓦内萨，如果你想知道怎么做才更有创意，我可以帮你。"

听到杰西这么说，瓦内萨既生气又尴尬。她张开嘴想快速地反驳一下杰西，但却什么也说不出来，因为此时她的头脑一片空白！她只能对着杰西勉强地挤出一丝笑容，然后一走了之。

但是，瓦内萨内心很是愤愤不平。杰西怎么能对她说这样的话？

“我能做好自己的作业，”她想，“我一点儿也不需要她的帮忙。那句话应该说给她听的，我对她那话的反应也太过温和了。我当时为什么想不出话来反驳她呢？我最善于反驳别人了，要是平常我肯定会说些话来反驳的。”

瓦内萨的情绪使她保持缄默。戈尔曼（Goleman，2013）把这种现象称为“情绪掠夺”现象，它阻碍人们进行高阶思维。瓦内萨大脑的情绪中心受阻，从而使创造力中心也无法正常工作。几个小时之后，她想到了回应杰西的好几个说法，甚至想把杰西叫来，当面说给她听听！

要点提示：当老师在上课开始时向学生打招呼，并对他们说些积极的话，他们的参与度就会增加。

——艾伦·奥德，米兰达·布什，
尼克尔·蒂克纳，琳赛·沃克
（R. Allan Allday，Miranda Bush，Nicole Ticknor，
and Lindsay Walker，2011）

通过学生的情绪来了解学生

情绪能对学习产生极大的影响（Small，2003）。如果学生感到焦虑、抑郁或者愤怒，他们就无法有效地提取信息。当情绪强烈地控制大脑时，大脑就会转而关注情绪，记忆储存的信息就如洪水般流走，使人们难以有效地完成手头的任务。

多数研究人员将情绪概括为以下六种：快乐、悲伤、恐惧、愤怒、惊奇和厌恶，这是所有人类都能发现和识别的主要情绪。次级情绪是社会导向型的，如嫉妒、内疚和尴尬。有些情绪是费尔德曼（Feldman，2007）所说的“背景情绪”，如紧张和放松。

情绪产生于皮质下脑区，是反映机体状态的既定大脑结构的组成部分。情绪会自发地、无意识地影响着大脑和身体。情绪和情绪状态会创造一种反应模式，进而导致相关行为发生。当人们通过感官来察觉信息时，或回想起某些记忆时，会产生一系列的情绪和行为。2015年的动画片《头脑特工队》（Inside Out）清晰地刻画了五大核心情绪：快乐、悲伤、恐惧、愤怒和厌恶。影片分别展示了在困难和快乐的不同处境中，五种情绪是如何发挥作用的，深入浅出，容易理解（Desautels，2016）。瓦内萨遇见杰西时产生的情绪代表着感觉信息，她事后回想起当时的情景会重新激起那些她当时产生过的情绪。如果瓦内萨随后再次遇见杰西，同样的情绪可能会重现，并影响她的行为。

类扁桃体是情绪和记忆中的主要参与者。类扁桃体能在获取信息的同时，调节外显记忆和内显记忆，所以，比起无聊的事件或中立事件，受情绪波动主导的事件给人的印象更加深刻（Bloom，Beal，Kupfer，2003）。莱杜克斯（LeDoux，2002）说：“注意、感知、记忆、决策和随之产生的意识都受到情绪状态的影响而发生变化……情绪唤醒组织和协调大脑活动。”（p.225）沙克特（Schacter，2001）在《记忆的七宗罪》（*The Seven Sins of Memory*）里提到：“和非情绪主导的事件相比，人们更容易记住受情绪主导的事件。记忆在大脑形成时，情绪刺激也随之产生，人们所经历的事最终是否能留在记忆里，或是被遗忘，在很大程度上取决于人们对事件发生时给予的关注和该事件的细节。”（p.163）

埃默里大学的斯蒂芬·哈曼（Stephen Hamann）利用核磁共振成像（MRI）测定实验对象对于文字和图像的情绪反应（Hamann，Ely，Grafton，Kilts，1999）。从图像反应中可以看出个体对情绪情景做出反应时，类扁桃体的激活程度。“当类扁桃体察觉到情绪的时候，它在形成记忆的大脑区域的活动趋于活跃，”哈曼说，“一些更为深刻和生动的记忆就是这样产生的。”（p.292）哈曼这项实验的参与者们记住的“情绪单词”的数量是“中性单词”的两倍。

正因为情绪的强大作用，教师在教学过程中适当加入一些情感因素，有助于更多地了解学生。由于情绪能够组织大脑活动，而注意力和认知会因为情绪状态而发生变化，如果教师能通过学生的情绪状态来了解他们，就会使学生更容易记住在学校里经历过的事情。

激发情感的要素

以下是几种可以在教室里激起学生积极情绪的方法：

• 教师讲课要充满激情。当我们感到兴奋时，大脑就会释放传递兴奋感的神经递质——甲肾上腺素，甲肾上腺素能够引发一连串的化学反应，进一步强化某种体验及对它的感知。

• 上课前先问候学生，并说些积极的话（Allday et al., 2011）。

• 情绪可以互相感染（Guillory，Hancock，& Kramer，2011），教师上课应该保持兴奋感。想一下，当你讲课时，怎样才能保持兴奋感呢?

• 教师的穿着应该能够引起学生的注意——不管学生是否欣赏。

• 上课时可以播放与主题相关的音乐。音乐对很多人来说是一种精神寄托，音乐能够激活学生大脑的多个层面，包括高阶思维（在测试学生时，重复播放某段与主题相关的音乐，也会强化学生的记忆）。

• 教师可以用故事导入一堂课。可以是与现有主题相关的个人经历，也可以是相关的别人的经历。故事能够吸引学生的注意，这也是大脑组织信息的自然方法（Willingham，2004）。

• 开始上课时，应该给学生选择权。如果要学习的问题具有两面性，教师可以把教室一分为二，将学生分成两组讨论问题。此外，教师也可以在教室两边的墙上分别贴一张纸，以便两组学生写下各自的观点。

要点提示：情绪优先于所有其他大脑过程。

教师使用先行组织法帮助学生集中注意力

马扎诺等人提到过，“我们通常看见我们所希望看到的东西”（Marzano，Pickering，Norford，et al.，2001，p.279）。先行组织法是使学生对事物保持注意力的一个强有力的手段，它有很多种不同的形式。例如，可以是关于某个主题及其与已学知识衔接的一次口头演讲。根据我的经验，最有效的组织法就是图表，它可以吸引学生的注意，

表1.1 同意/反对表

	同意	不同意
年轻人的记忆力比老年人强		
年龄与记忆无关		
记忆储存在脑部的一个区域		
你的即时记忆仅相当于一个电话号码		
女人的记忆力比男人好		
人们从不会忘记怎么骑自行车		
遗忘比记忆更容易		
气味能引发某些记忆		

并为学习提供了一个基本的框架，有助于学生以此为依据，学习相关知识。

我最喜爱的组织法是同意/反对表（Burke，1999；如表1.1所示）。这个表由一些口头或书面的陈述观点组成。我喜欢用写有陈述并且在旁边写上“同意”或者“反对”意见的图表。这些关于同意/不同意的陈述不但可以激发学生的情感，还有助于学生理解正在学习的某些概念。

先行组织法有助于人们回忆已经学过的知识。如果学生对于所学的主题没有个人的相关经历，教师也应该让他们尝试发表同意或者反对的意见。每个单元快要讲完时，我会再给学生一次机会阅读表格里的信息，以便让他们发表不同的意见。通过比较新旧两个图表，学生可以了解自己掌握的知识。结果是，一些学生对自己所学到的知识感到很惊叹，一些学生则因为学到的知识印证了他们所了解的，而感到很满足。很多组织图可以用作先行组织法（见附录B），它们可以帮助教师了解学生。

其他的一些组织图在以下的方面也有帮助：

• 韦恩图有助于学生区分异同点。

• 思维导图有助于学生对所学的新材料进行组织加工。近期研究证明，这对有诵读困难的学生尤其有帮助（Verhoeven & Boersen，2015）。

• KWHLU图有助于学生集中注意力。K代表已经知道的知识，W代表想要了解的知识，H代表应该如何学习知识，L代表已经学到的知识，U代表如何在实践中运用知识。

• 层次结构图表对分类学习很有帮助。

• T图表可以用来整理大量的学习内容。

• 序列图表有助于学生整理故事或历史时间框架。

要点提示：向大脑展示应该关注哪些信息。

通过感官与学生沟通

将学生们按照学习的“方式”或者“喜好”进行分类或许对教师很有帮助。多年前，当我开始将脑研究融入到教学实践时，我所学到的知识是，学生们有自己喜欢的学习方式。这点改变了我的教学方式，也使得课堂更加“合乎神经学研究”。当我不断尝试改变展示教学内容和拓展记忆的方式，并观察这样做所产生的效果时，我总会记住三个词：视觉的、听觉的、动觉的。如今，很多研究表明，学生主要通过视觉来获取知识（Medina，2014），这点在日趋发达的视觉世界里显而易见。我们不再使用会议电话，而是使用网络电话（Skype）或者视频聊天（Facetime）。学生可以阅读课本，但是通过观看或者聆听《汉密尔顿：美国音乐》（Hamilton: An American Musical）原声大碟来学习，则会更加享受、更加愉悦，也更加容易记忆。

如果我们始终牢记，多种感觉并用的方法对于学习非常有帮助，我们就会摒弃旧有的一些观点。如果我们能够提醒自己，一幅图片“胜过万语千言”，并且使用多种不同的方式展示，课堂就会变得更加有趣。而且，如果我们一直记得，运动能以多种方式帮助大脑，以及保持教室的趣味性，我们因此就会使很多学生的学习状态有很大的改观。

请看下面的案例：

九年级新生们走进教室。天气很闷热，教室的窗户全打开了，但是教室里空气流通还是不好。

今天我们要学习的内容是美国内战，但我个人并不喜欢这个话题。或许是我以前的历史老师上课太过乏味，在这么热的天气下，我根本没有心思上课，更别说要探讨这个很有难度的话题了。

我说：“今天天气很热，我和你们一样都感觉热得慌。在这种天气上课的确不好受。今天我们要学习美国内战这一单元。有没有人了解美国内战这段历史？”

现在我可以使用另一个方法：我可能会先播放一段应景的音乐，学生们走进教室时，听到音乐在教室里环绕，如《但愿我在迪克》，然后我把水杯递给他们。当上课铃声响起，我关掉音乐，对他们说：“你们可以在教室里走动，看看美国内战的图片和有关的物品。今天天气很热，你们试着想象一下士兵们穿着厚重的军服在烈日下连续作战的情景。”

“有多少人看过电影《乱世佳人》？这是一部很好的影片，你们还记得影片中很多的流血场面吗？希望流血不会令你们感到不安，但这的确是一场血淋淋的战争！”

毫无疑问，第二种方法更能吸引学生的注意力，这有几个原因。首先，我提到的流血场面和播放的音乐都可以激发学生的情感。其次，我使用了多种感官并用的方法。学生一进入教室，他们就开始走动、听音乐、四处观看。最后，我把他们当前的感受，如闷热、不适和我们要学习的对象联系起来。我给他们喝水，以满足其生理需求，同时也让他们知道，我对他们是感同身受的。

要点提示：虽然个别的学习方式并不能真正代表当今学生的需要，但多感官教学可以帮助学生缩小成绩差距。

教师与学生之间的关系

第二个场景中的感同身受只有在教师与每个学生花时间相处并建立良好关系时才能传达和奏效。这种关系是在任何情况下与任何年龄的人学习的关键，因为师生关系为教师和学生提供了一个平台，有助于教师和学生了解对方所取得的进步，促使双方都重视所学知识的实用性（Goleman，2013）。

以下四种情商适用于在任何环境中建立关系：自我意识、自我管理、社会意识及关系管理。自我意识和自我管理属于个人技能，了解自身的情绪对于习得其他能力至关重要，如果学生能了解自己的情绪，加以一定的指导，他们就能够学会怎么控制情绪。教师希望学生来学校时已经具备了这样的能力，但是教师有时候也需要加以相应的引导，因为学生具备了这样的能力，会使得教与学都更加容易些。

相反地，社会意识和关系管理属于社交技能。能够感受他人的情绪，理解他人的观点并给予关心，能够极大地培养班级里的师生关系及学生的相互关系。关系管理包括处理矛盾、影响他人，以及培育双方的关系。

我们中的任何一个人对工作的热情可能来自纯粹的情感，比如兴奋，来自我们从学习中获得的满足感，或者来自与他人一起工作的喜悦。这些活动中的任何一个都会激活左前额叶皮层，使之接受许多“感觉良好”的神经递质。同时，前额叶神经回路平静了这种挫折感，但可能会干扰学习（Goleman，2013）。

找出教师和学生双方的共同点

如果教师希望与学生建立融洽的关系，就需要找出双方具有的共同之处。他们越觉得自己像你，就越容易彼此吸引，进而发展良好的师生关系，并进一步促进学习。我喜欢用的以下这个方法是从一位教五年级的老师那里学来的，这是使用一个小点子来介绍人们互相认识的活动（如表1.2所示）。学生会人手拿到一个教师用纸片折成的四方盒，每个纸盒的四面都写上了一些不同的个人信息，学生拿到这些四方盒后，便开始寻找符合相关信息的学生，并叫他们在盒面上签名。学生可以在教室里来回走动，询问他人一些盒面上的信息，比如，你是否喜欢吃巧克力饼干，或者，你父母是否有一辆红色轿车等。活动的规则是，学生不允许随意把纸盒乱塞到别人

表1.2　交友活动

寻找符合以下条件的朋友		
养有宠物狗	有褐色的眼睛	喜欢喝百事可乐多于可口可乐
看《老友记》	经常读书	喜欢吃巧克力饼干
最喜欢红色	喜欢有声读物	认为M&M’s是美味巧克力
喜欢下象棋	喜欢玩电脑	喜欢银器，但更喜欢金器
有一辆红色的轿车	有两个妹妹	恐高
经常旅游	喜欢音乐	喜欢跑步
喜欢打高尔夫球	喜欢下跳棋	有一个兄弟

手里，叫他们在盒面上签名，所以，他们必须和别人交谈，问一些和盒面信息有关的问题。等到每位学生手上的纸盒都写满了其他学生的签名时，他们就可以都坐下了。接着我快速地浏览盒面的每类信息，让学生举手说出此信息是否与他们有关，这时，学生们可以四处张望，在教室里寻找和自己有共同点的其他学生。我第一次使用这个方法的时候，纸盒的信息是关于我自己的一些真实信息，学生可以快速地发现我们之间的共同点。几个星期之后，我从索引卡上获得了学生的个人信息，这次我把信息写在第二张纸片上，并交给学生。这样，他们就可以知道，有多少学生和自己有共同点或共同的兴趣。

“一条河流穿过我们”是我最喜欢的建立关系的活动，可以和学生玩，也可以和教师一起玩。想要彼此了解，只需要一圈摆成圆圈的椅子，你站在中间，可以这样说来开始游戏：“你好，我的名字是______”学生们被指示对此做出回应，“你好，______”，然后，说一些有关自己的事情，然后加上“……一条河流穿过我们”。例如，“我有一只狗，一条河流穿过我们”，这时，也有一只狗的那个学生必须从他/她的椅子上站起来换到其他位子上。你很快地坐在空椅子上，其中一个学生现在站在了中间。继续重复前面的步骤，要确保每个学生都有机会站在中间。你可能还会回到中间位置上（这会经常发生），这时可以说些还没有机会站到中间的学生的一些特点。到最后活动结束时（一般需要20分钟结束，当然，也取决于班级的人数），每个人都了解了彼此的名字并找到了和他人的一些共同点。第一次结束后你可以这么说：“我们原来有这么多的共同点啊。我相信我们每个人都有很多相似的经历，一条河流真的穿过了我们！”（学生们可能还想反复玩这个游戏）。

在《教学的新艺术和新方法》（*The New Art and Science of Teaching*）一书中，罗伯特·马扎诺（Robert Marzano，2017）提出了以下可以采取言语或者非言语行为的方式建立良好的师生关系：

- 站在教室门口问候学生。
- 举办非正式的会议。
- 参加课外活动。你参加这样的活动对学生们来说会很不一样，这说明你在课外也关心他们。
- 在课堂上分派给学生不同的责任和发挥领导力的机会。
- 建立一个照片公告栏。
- 展示学生的艺术作品。大多数学生都喜欢看到自己的作品能够展示出来，尽管他们嘴上不说。
- 使用肢体动作和面部表情来传达要点。
- 多些幽默感。我教初中语法涉及标点使用时，最喜欢用这两个句子来开始上课："我们吃吧奶奶"和"我喜欢的事情有做饭我的家人和我的朋友"。如今，各种信息和社交媒体语言越来越模糊，越来越少的人定期使用标准标点符号。

社交群体

根据吉那迪和萨加瑞斯（Giannetii，Sagarese，2001）的研究，学生普遍属于以下四种社会类型中的一种。

1. 受欢迎类。这个类别通常由引人注目的、热爱运动的和家庭富裕的学生组成。在他们的同龄人中，这些学生往往带头决定和谁玩，不和谁玩，他们占学生总人数的35%。这个特殊群体的主要情感问题与受欢迎程度的无常有关；这类学生可能为如何保持他们宝贵的社会地位而烦恼。

2. 边缘类。这类学生占学生总人数的10%，这类学生有时会和受欢迎组的学生交往，有时不会，这使得他们无法确定自己是否受欢迎。他们面对的情绪问题是自己没有归属感。

3. 朋友圈。这类学生通常会自己组成一些小团体，他们彼此都是好朋友。他们也意识到自己不是很受欢迎，但是大家在圈子内互相交往都觉得很开心、感觉良好，他们大约占学生总人数的45%。

4. 不合群者。这类学生占学生总人数的10%。这类学生朋友很少或几乎没有什么朋友。他们也许很聪明、雄心勃勃、思想比其他同学要成熟许多，但是他们的社交能力很差，很难相处。虽然他们也希望自己成为其他团体的成员，但是很难被人接纳。有时候他们对自己所处的社会地位感到很痛苦，甚至会用暴力发泄不满。

根据吉那迪和萨加瑞斯的研究，学校里只有45%的学生对其社会地位或情绪感到自信。在发生了像科隆比纳高中这样的校园惨剧之后，教师应该关注学校的团体结构及其对学生情绪的影响是多么重要。如果教师在午饭时间去学校自助餐厅转一圈，就可以发现学生互相组成的不同团体，看到某个学生与谁在一起吃饭，就可以知道他在学校的社交群体是什么。要建立牢固的关系，所有这些学生必须能够相互交流，尊重他们之间的差异。

同情

一天，经历了痛苦的情绪煎熬之后，我回到了学校。因为我那9岁的雪特兰种小马已是病入膏肓，我只得叫兽医来给它施行安乐死。经过办公室的时候，我告诉行政老师，我回来上班了，尽管我的双眼仍然因为哭泣而红肿。一位同事对小马的死表示同情，并善意地提醒我说："别让学生们看见你哭泣的样子！"我点了点头。

我很沮丧地沿着走廊走向教室，想起同事说的话，我有点不自在。难道我不能在学生面前表达自己的情感吗？如果我对小马的死无动于衷，难道学生们不会认为我很无情无义吗？难道这不是一个培养学生同情心的绝好机会吗？

当我走进教室时，学生们都盯着我。"你终于回来了！"一个女孩大声喊道。"你生病了吗？"另一个学生问。

"没有，"我回答，"只是家里发生了一件很令人伤心的事情。"我解释了一下发生了什么。

"我的猫咪也被施行了安乐死，斯普伦格夫人，"南希说，"那让我伤心透了。"

"我很理解这种感受。"我表示认同。

"这有什么值得伤心的？它只是一个不会说话的动物而已。"布雷特却这样说。

学生们都看着我，我看了一眼布雷特并问他："你养过宠物吗？"

"以前养过一条狗，那时它睡在我的房间里。"他说。

接下来的时间，我让学生们就宠物死去的话题展开讨论。布雷特就这么一直安静地坐着，没有出声。下课了，走到门口时，他停下来对我说："对不起，斯普伦格夫人，我刚才没有考虑到别人的感受。刚才我不应该那样说。我想如果我的宠物死去了，我也会很难过的，就像您一样。"

那天我们其实学到了两点。第一，由于学生当时能够设身处地地理解我的感受，因此他们学会了如何理解别人的感受，这称之为同情心；第二，由于他们当时不但认可了我的感受，而且也看到我能很好地控制自己的情绪，因此他们学会了如何表达和控制自己的真实感受。科马（Comer，2003）说过："学生们需要与他们的老师建立情感纽带，产生共鸣，并在他们的生活中看到成年人之间健康的社会关系，这样才能在学校里发挥良好的作用。"（p.11）

要点提示：注意力和动机可以通过教师与学生的个人关系来培养。

"我为什么要学习这些东西啊？"

教师有多少次听过学生问这样的问题？当我们思考相关性时，我们可以再次了解一下大脑是如何学习和记忆的。大脑接收了新信息后，会在长时记忆里搜寻某种有关联的模式，并关联该信息。如果你看着图1.3，这时大脑会看到一个方框。但是那真是一个方框吗？事实并非如此，只是你的大脑已经存储了方框的模式，大脑的联想填补

图1.3 寻找熟悉的图形

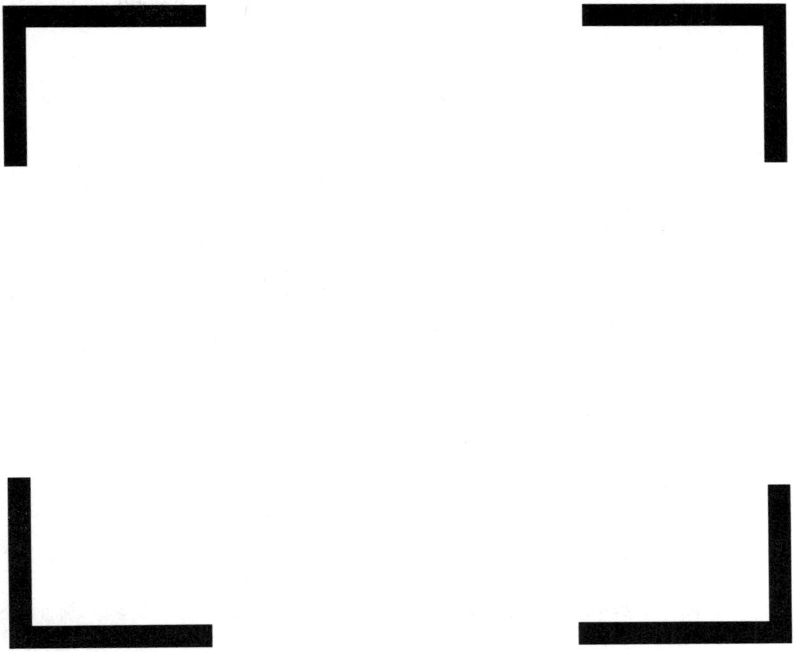

了这个方框的空白处。

当教师给学生讲解知识时，学生的大脑尝试与已经存储的模式建立联系。如果他们无法进行链接，那么这些信息就很容易被遗忘。关联性指的是学生能够对一些涉及或影响他们生活的事物进行联想。

当我们对教师必须达到的教学标准进行思索后，往往会发现要达到这些标准，并不容易。研究表明，如果教师给学生提供一些标准、模式和范例，清晰阐明对他们的要求时，他们的表现会更好（Schomker，1999）。以学生为中心的教室，可以通过以项目为基础的学习和探究学习活动来创建，提高学生的信息加工能力，并提高学生对知识的理解。教师通过相关问题来了解学生，可以帮助学生更好地记忆该信息。你认为下面的哪个情景对学生更有吸引力？

情景一：欧文小姐的学生们陆续走进教室。他们马上坐下并拿出笔记本。他们今天要学的课文是《刘易斯和克拉克探险记》，因为欧文小姐已经把今天要学习的内容写在白板上了。

上课铃声响后，欧文小姐开始给学生讲授与课文有关的信息。与此同时，有些学生开始忙于记笔记；而有些学生却心不在焉，在教室里东张西望。欧文小姐展示出的一些海报上也描述了探险队的事情，有些学生或许可以从中学到一些知识。

情景二：欧文小姐的学生们走进教室，看到幻灯片的图片是一只硕大的蚊子，下面写着："假设你现在是刘易斯和克拉克探险队的一员。你在探险时最讨厌的应该是蚊子了！由于蚊子太多，有时候，甚至连你呼吸时都会吸进去！研究一下，你在探险时可以使用哪些方法来处理这种情况，把你获取的信息和今天要学习的内容进行比较。"学生被分成几个小组，并且可以使用海报、书籍和网络等渠道来学习和讨论。

很明显，在情景二中欧文小姐的学生学到的不仅仅是如何对付蚊子。教师用一个所有可以联系到的问题，带领学生探索整个课堂内容，学生则以如何对付蚊子为线索，对整个探险过程有了全面的认识。欧文小姐还通过让她的学生创建一张韦恩图，来比较刘易斯和克拉克探险时随身带的物品，和学生自己家人出去旅游时带的物品有什么不同，从而增加了关联性（如图1.4所示）。

图1.4 帮助学生思考异同的韦恩图

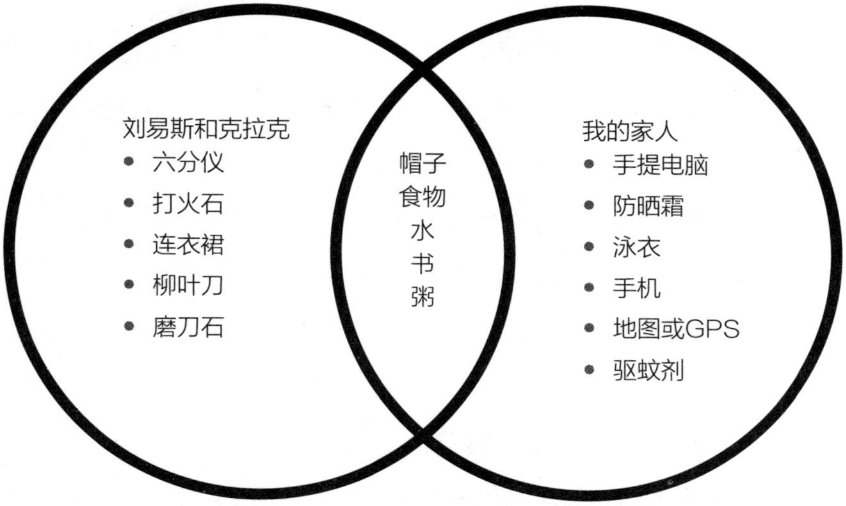

如果学生所学的内容和他们的生活息息相关，他们就能够立即开始与先前的知识建立联系。基于问题的学习方式是以现实生活中的问题为基础的经验学习，即学生参与发现问题的过程，然后找到解决问题的方法。这是一种有助于学生掌握问题解决办法的开放式的学习方法。这些问题也类似于专业人士在其研究领域，分析如何解决现实问题（Wiggins，McTighe，2005）。

关联性、关系和现实

许多来自不同家庭背景的学生很难达到我们的教学目标和标准。出身贫寒的学生可能更关心他们的生存问题，而对这些问题则很少关心：例如流利地朗读文章，熟悉不同的政府体制，了解和运用所学概念，解释生物如何正常存活、适应环境及做出改变等。尽管如此，教师仍有义务帮助这些学生达标。因此，最有效的做法就是把学生的生活点滴与要实现的目标联系起来，但是要做到这一点并不容易。

下面是《通用核心标准》的例子：

与不同的搭档就幼儿园的主题和文章进行一场协作式的讨论。可以与同事，也可以与其他成年人分为小组或者大组来进行讨论。

（A）遵循商定的讨论规则（例如，倾听别人的观点，并轮流就主题发言）。

（B）继续通过多方交流进行对话。

教学频道的幼儿园教师伊娃女士（Iwaszewicz）通过一次课堂活动讲到了这一标准。课上，要求学生们通过使用通用的标识，如美国国旗、自由女神像、秃鹰、白宫、独立钟等，制作和展示有关美国象征的海报，为学生们创造了所学的知识与真实世界之间的相互联系，学生们能够相互协作共同制作海报。伊娃女士继续进行交互式教学，这是充分调动大脑思考的课堂必须用到的方法。（教学视频参见www.teachingchannel.org/videos/teaching-facts-sfusd.）

要点提示：学生可以记忆对其生活产生影响的事件。

了解学生的新方法

教师们通常都有一套自己的了解学生的方法。他们通常本能地知道在什么时候应该尝试新的方法。大脑很容易被新奇的事物吸引，或许你还记得网状激活系统是如何过滤信息的，即当大脑察觉到任何不寻常的事物时，会释放去甲肾上腺素来集中注意力。一旦事物的新奇性消失，大脑便不会再有这样的活动了（Ratey，2008）。

大量多巴胺刺激海马回时，有利于记忆。为了激活这一“闪光灯记忆”过程，教师在教授给学生需要记忆的内容之前或者之后，都可以使学生接受一些刺激的信息。研究表明，人类和动物大脑，在接受信息之前或之后短暂接受新鲜事物，有利于情景记忆的留存（Takeuchi et al., 2016）。

下面介绍的几个方法可以帮助教师在教学中添加新奇性，以吸引学生的注意力。

- 教师先告诉学生一个与授课内容有关但很奇异的真实情况（例如，你知道亚伯拉罕·林肯戴领结吗）。
- 可以佩戴一些饰品（如戴领结）。
- 在灯泡或幻灯机上悬挂一个物品（如一个领结）。
- 使用你的学生不习惯听到的哨子或其他声音。
- 播放与授课内容有关的音乐。
- 使用动画幻灯片。

将知识分解再讲解

多年的研究表明，教师应将所学内容“分解”为小的、易懂的片段（Marzano，2017）。这样更有利于大脑接收新的信息并存储为工作记忆，因为大脑的工作记忆空间本来就是有限的。学生也可以集中精力学习新知识，并在学习更多知识之前对其进行复习，例如，可以让学生们先读一篇文章的几个段落，然后停下来思考和讨论一下，或者口头简单地陈述一下。但是不要让五年级的学生一下子列出“美国西部开发”的所有七条理由和讲述这个故事的五个步骤——一点点地教给他们吧。

马扎诺（Marzano，2017）建议，在分解知识之前，可以参考一下预评估阶段的数据，设立预评估环节所获取的信息对于整个单元的学习都有指导作用。实际上，预评估应该在开始新单元之前至少一周进行。学生的表现可作为备课的参考，同时，也可以将课程进行差异化安排，因为学生对于评估阶段表现不同，结果不理想的学生可能需要多提供一些帮助。如果学生在预评估阶段做得都很不错，就可以进行大段的内容复习，并加上少量的新知识讲解。

预评估可采取的形式有以下几种：

- 对即将学习的新单元内容进行预评估，了解学生的表现。
- 使用并讨论。使用KWL或者KWHLU图表（参考附录B）。
- 采用思考—书写、一组对一组分享的方式。即给学生机会写下他们对题目所了解的内容，考虑一两分钟后，让学生与另一个组合进行讨论。

• 快要下课时，使用索引卡，请同学们自由写下已知的内容，或者立刻写出相关问题的答案（例如，“列出三条与题目相关的信息，两条是你所了解的，一条是你提出的问题”）。

要点提示：现在对学生进行评估，有利于改进今后的教学。

——Carol Ann Tomlinson

从感官记忆到即时记忆

根据认知研究，注意、动机、关系、关联性、学习方式和情绪等都是“教师达到了解学生”这一过程的重要组成部分。如果我们能把感官记忆转化为即时记忆，那么最终会达到长时记忆的结果。当大脑准备一个任务时，前额脑皮层会主动激活——一个发挥高级功能，并使人们付诸行动的区域。这种预先准备可以确保它们比没有预先激活的情况下表现得更好（Kolb & Whishaw，2009）。

思考

1. 教师应该了解课堂上有哪些可能令学生分散注意力的东西。例如，听觉学习者可能对声音很敏感。如果教室里发出噪声的暖气片无法修好，教师应该安排对声音敏感的学生离它远一些，坐得越远越好。

2. 教师应该考虑自己正在使用的、能引起学生注意的外在方法。有些方法可能是恰当，而且是必要的，但某些方法是否会削弱学生想学习的内心欲望?

3. 教师与同事讨论如何使自己的授课内容对学生更有意义。思考如下这些问题：如何确定你的授课内容对于学生的重要性? 怎么才能使讲课引起学生更大的兴趣? 你的授课内容是否涵盖与学生密切相关的不同学科的信息?

4. 教师应该留意上课时的课堂气氛。你上课时满足了学生们的不同需要了吗? 你是否能营造一个使学生们都感到轻松自在的课堂气氛? 你能否改变教学方法来使课堂气氛更活跃?

第二章

反思知识

“这简直就是在浪费我的时间！”

我正在写我的反思日记，从桌上抬起头，很惊讶地发现这话竟然是一个优等生说出来的。是帕蒂，一个成绩经常得B的好学生。我相信她有能力得A，然而她的信息接收系统和检索系统好像有些轻微的脱节。她现在时常会有这种不耐烦的表现，有时她会直接说出自己的感受，正如今天一样。

“我只是叫你花几分钟的时间写下你所学的知识以及你是如何理解的。”我说。

她很恼火地看着我：“你说得没错。但是，斯普伦格夫人，我才刚开始学这个单元，不想就此停下来思考那些无聊的问题！”

“帕蒂，相信我，这么做可以帮助你牢记正在学的知识。”我回答道。

“所以，我们要停止小组讨论，在日记本里写下关于‘那又怎样？现在怎么办’的一页？这样做有用吗？我不想去学习去了解任何的能源替代品，我也很享受现在所学的内容。你现在叫我们停止讨论，就像我们正在看某个电视节目，却突然被打断一样！”

听到她的话，有几个学生也不再继续写了，纷纷点头对她的话表示认同。另一个学生接着说："帕蒂说得对。我们这么做，难道不是在浪费时间吗？"

"听着，我之所以让你们这么做，是因为我自己在做研究生时，一位教授让我们这么做的，这个方法对于提高我的记忆力很有帮助。我认为这种方法也可以帮助你提高记忆力，所以是值得一试的，请按照我说的去做吧。"我要求道。

我继续写我的反思日记"那又怎样？现在怎么办"？又加上，"也许这本来就不是一个好方法，虽然它对我很适用，但不一定适用于我的学生。我该让他们继续抱有怀疑态度吗？研究表明大脑需要时间对知识进行反思，我真希望这个方法对我的学生也适用啊！"

几个星期后，帕蒂羞怯腼腆地走进我的办公室。

"斯普伦格夫人，请看这儿。"她递给了我一张另一门课的成绩单，她得了A。老师在上面写道："帕蒂，这是你考得最棒的一次。你对答案进行了扩展，表明你在解决问题过程中加入了自己的想法。继续保持好成绩吧！"

"祝贺你取得好成绩！"我说。

"谢谢您。但是我感到很抱歉，那天我不该就写反思日记的事和您争辩的，您还记得'那又怎样？现在怎么办'那件事吗？"她很尴尬地说。

"你是说你觉得那个记忆方法对你有帮助？"我很惊讶地问她。

"是的，斯普伦格夫人，在使用了这个方法后，我的记忆力比以前好多了，现在我在学习所有的科目时都用到这个记忆方法。以前考试我总是得B，现在考试都能得A。我觉得应该更多去思考学过的知识。我是想告诉您，您告诉我们的那些关于大脑如何记忆知识的方法真得很有用。”

我微笑着向她说了“谢谢”，她就回教室了。然后我打开日记本，在新的一页，写下“那又怎样？现在怎么办”？这次我加上的只有“太棒了”！

如同上文所反映出来的，反思知识不仅仅是生成记忆的第二个步骤，而是整个记忆过程都需要用到的方法。每完成一个记忆步骤，都进行反思，是很明智的做法：比如做完了重编信息、巩固知识和运用知识的步骤之后都应该反思。我告诉学生，反思也是运用知识的一种形式，反思有助于记忆过程的有效进行。

我很认同科斯塔和卡利克（Costa，Kallick）在《思维习惯学习和引导》（*Learning and Leading with Habits of Mind*）一书中的如下观点：

反思意味着对所学的知识进行一次梳理，并从中有更多的收获。然而，大多数的课堂授课只关注当下在学习的和今后要学习的内容，而不关注过去已学过的知识。这样的做法意味着学生（和教师）会更容易忘记学过的知识，努力学习面前的知识，而将过去看似孤立的知识和经验都抛在了脑后。

要点提示：反思知识是学生运用知识的第一步。

恰到好处的反思时机

喜剧作品之所以成功的秘诀在于，恰到好处的喜剧效果。和喜剧一样，好的教学的一个秘密就是时机，回应得过快或者过慢，都无法达到预期的效果。对一个问题，如果教师回应得太快，学生就学不到知识（Stahl，1994；Tobin，1987）。现在，是时候反思一下，教师应该在什么时候保持缄默，因为恰当的缄默能鼓励学生对知识进行反思，并促进形成长时记忆。

对个人的经历进行批判性的反思，并就此衔接已学知识的能力，有助于大脑对即时记忆中的信息进行加工，并转存入激活的工作记忆里。请记住，活跃的工作记忆允许大脑接收外来信息，大脑也会在长时记忆里搜寻与新信息有关的已有的模式或信息。根据威廉森（Williamson，1997）所说，反思性实践或许是一个不断发展的学习过程。威灵顿（Wellington，1996）也认为学生的水平各不相同。考虑到这些因素，教师让学生意识到反思的重要性，是让学生养成反思习惯的第一步。

时间似乎是教育行业最大的敌人，因为教师在课堂上没有足够的时间讲授全部课程，没有足够的时间帮助学生准备州级考试，也没有足够的时间关注每一个学生。有时，教师在上课间隙几乎没有时间吃午饭、上洗手间和查收电子邮件！作为教师，如果不同时做两件事情，好像就是在浪费时间。然而，教师应该有休息的时间，这样才有利于形成长时记忆。在本章中，我们将会具体阐述什么是专注时间、等待时间和反思时间。

要点提示：花一分时间，多一分心思。

专注时间

现在想象你在电脑前忙碌工作的情景：你可能正忙于给自己的班级写报告、给杂志社写文章，或写一份授权书，突然，你的眼睛变得模糊不清，脑子也“失灵了”，一片空白，什么也想不起来，这种现象称为“瓶颈期”，你的大脑已经非常疲劳了，需要休息。这时你可以站起来做些别的事情，如休息一会儿、从冰箱里找点零食吃，甚至打打篮球。几分钟后，当你觉得好多了，就可以继续工作了。

其实，学生也会经历和上述例子极为相似的生理反应。然而，不同之处在于：学生要遵守课堂纪律，如不许讲话、不许离开座位、不许吃东西等。当他们在课堂上开始走神时，会给教师一些轻微的暗示。如果教师对这些暗示置之不理，这时学生大脑的疲劳症状会更加明显。

研究（e. g，DeFina，2003）证明，学生对事物的专注时间可以根据他们的年龄差异以分钟为单位加以区别。例如，10岁的孩子可以对特定的刺激源保持10分钟的注意力，如果教师要求这个年龄段的孩子集中注意力超过10分钟，他们的注意力可能会分散，他们可能会开始窃窃私语、四处走动、找其他的事做，这种现象很正常。当我们受到的刺激超过了注意力的容量时，为此消耗了精力的大脑区域此时也消耗尽了水蒸气或葡萄糖，变得筋疲力尽。

柏力（Perry，2016）认为，神经元细胞在工作4～8分钟后会感到疲劳，这与学生年龄无关。他建议教师可以以讲故事的形式开始教学，引起学生情感上的共鸣；然后补充一些事实（语义信息），再阐述一些与所讲故事有关的概念知识。这一策略将在不耗尽学生们所有能量的情况下，使学生们的神经系统保持兴奋。

要点提示：在学生专注时间内，教师改变对学生的感官刺激，可以延长学生的注意力。

等待时间

放慢速度或许是加速的一种方式。

——玛丽·布德·露（Mary Budd Rowe，1986）

20世纪60年代末期，玛丽·布德·露（Mary Budd Rowe）对各种不同的课堂中教师的教学做了详细的探究，她要求教师每分钟提问学生2～3个问题。在此环节中，教师的等待时间都只有一秒钟：如教师重复提出问题；换一种方式提问；点名叫其他学生回答等。如果学生迅速回答了问题，教师接着用平均0.9秒的时间答复学生，回答的形式包括提问另一个问题，或就学生的回答做出回应（Rowe，1973）。

对很多人而言，等待时间不是什么新鲜观念，但是它在记忆保持过程中却扮演着重要的角色。给学生几秒钟的时间，先思考再回答问题，意味着他们有足够的时间进行反思、提取已学知识、评估下问题，进而给出合理的回答。

露认为有两类等待时间间隔。第一类是教师修改问题或者提出更深入的问题之前，留给学生思考的时间；或者教师再以探究式方式提问、叫另一名学生回答，或自己回答之前都需停顿一会儿。第二类是学生回答问题之后、教师给出自己的观点之前，要停顿一会儿。第一类等待时间间隔如前所述，平均为0.9秒；第二类等待时间间隔通常更短些。当等待的间隔时间增加到至少3秒的时候，会发生一些显著变化（如表2.1所示）。此外，在这期间，教师发生的一些变化也很明显：如课堂纪律得到改善、教师提的问题少而精（需要运用高阶思维才能回答），以及对所有学生的要求也有所提高（Rowe，1986）。

等待时间在下列情景中都非常有帮助：

- 教师在提出一个问题，叫某个学生或小组回答问题之前。
- 在某个学生或小组回答该问题之后。
- 教师听取某个学生的提问后，在给出自己的回答之前。
- 教师继续提问下一个问题之后。

弗格迪（Fogarty，2003）认为，教师的两种言语方式的回应，有助于学生思考某个观点或概念。一种回应是，对学生说："你还有别的想法吗？"这句话向其他学生传达了一个信息：这个问题可能还有其他正确的答案，可以再仔细想想。另一种回应是，对学生说："你可以再说得详细点。"这句话暗示学生要更深入思考，挖掘更多的细节，并综合分析信息。

表2.1 露（Rowe,1986）根据研究结果得出等待时间对教学的影响

1. 学生从用单个词回答问题到用整句话回答，反应的长度都会发生变化。
2. 学生回答问题时更有信心。
3. 学生的思辨能力得到提高。
4. 学生回答的不确定性降低。
5. 学生回答问题的猜测性、不解和不当减少。
6. 学生在回答问题时的相互比较和借鉴增加了。
7. 更多的成绩较差的学生参与回答问题。
8. 课堂互动成了教师主持的生生之间的讨论，而不仅限于师生询问。
9. 学生提出更多的问题。
10. 学生做出更多的调查研究。
11. 学生的成绩得到提高。

要点提示：学生回答问题和提出问题，都需要留出时间。

其他“等待”时间

斯达尔（Stahl，1994）提出了他称为“思考时间”的另一段教师保持缄默的时间。根据露和他人的研究结果，他提出了下列情形的思考时间：

1. 教师的停顿时间，是指连续保持缄默的3秒或更长的时间，目的是给自己时间思考刚刚做过的事、要怎么做。

2. 影响力停顿时间，是指教师授课时，停下几秒钟甚至几分钟，让学生意识到这不寻常的安静时间，使注意力重新回到课堂。

3. 学生回答时的停顿时间，指学生在给出答案时停下来思考的时间。很多教师对学生的这种停顿感到不自在，忍不住想要帮学生回答问题。斯达尔建议教师在这个时候至少要给学生3秒的时间思考。

4. 学生回答问题后的停顿时间，是指教师给其他学生3秒或更长的时间，思考给出的答案，并做出回应。

教师的暂停时间对于他们忙碌的日程似乎是很奢侈的，但是教师花些时间思考，或改变教学进程，的确是很有益处的。很多教师课堂上不使用暂停时间，主要有两个原因：第一，教师不想让学生感到尴尬。等待学生回答问题或者提问的时候，教师感觉自己让学生为难了。第二，学生已经习惯了“电子游戏式”的回答方式，教师担心使用“暂停时间”会使得所有的学生无所适从。或许，教师这样想是低估了学生们。

以下是有关教师和学生使用等待时间的一个实例。

十一年级学生做关于文化的讨论中，我叫乔纳森回答了以下问题：“文化的共性是什么？”在停下来思考之前（学生回答时的停顿时间）他就开始回答了（“我认为所有文化都……”）。或许是因为我在他毫无防备的情况下提问他，或许他不太习惯用这样的方式回答问题。这时，一些学生开始偷笑，一些学生举手想回答。我对那些取笑乔纳森的学生给了一个犀利的眼神后，注意力又回到了乔纳森身上。

他继续回答道：“我认为所有文化都有判断是非的准则，这些规则虽然各不相同，但是每种文化都是有自己的规则的。”

在我在黑板上写下乔纳森的答案之前，杰弗瑞发言了。

“每个人都有他自己的是非原则，”他说，“我们应该看看每位同学都认可的原则是什么。”

听到这话我有点犹豫不决了，我需要时间来决定，是否允许学生讨论这个一团糟的问题（教师的暂停时间）。我能采纳这个想法并让学生们继续讨论吗？当我允许学生们对此话题展开讨论时，他们是否会感到不自在？然而，学生们似乎很期待可以这样讨论一下。

“好吧，”我说，“每个人可以列张清单，写下你认为不能被接受的行为。”

催促和等待

刚一开始，等待时间可能会让教师和学生都觉得很不自在。请记住，教师等待学生回答低难度问题的时间会短一些，等待学生回答高难度问题的时间则可能会长达5～10分钟。上述案例中，教师还要求所有学生对问题进行再思考。对已经想出答案的学生，教师可以点头表示认可，但不要因此而打断等待其他学生的思考时间，要给学生足够的时间来思考问题。教室里过于安静，可能令人感觉不自在，这个时候教师可以计时，或看看手表，也可以观察下学生的表情，如果他们露出“恍然大悟”的表情，就可以停止暂停时间了。如果学生回答正确，教师不用急于给出点评，也不需口头表扬学生，教师只需简单说声“谢谢”就好。

想象一下，如果要在长时记忆里找一个名字、一本书的书名或一个电话号码，我们需要扫描一下早已排列在大脑里的所有信息。假设我们正在搜索信息的时候被某人的说话声打断，而他所说的正是我们自己在苦苦寻找的信息，这是不是令人很恼火呢？每个人提取信息所需要的时间不尽相同，有些人需要的时间较少，而有些人需要的时间较多，这就是为什么等待时间对于我们是如此重要。

要点提示：等待时间有助于学生在学习新信息的同时，也能搜索长时记忆的信息。

反思时间

研究人员通过核磁共振成像（MRI）或者正电子扫描（PET）来观察大脑是如何进行反思的，结果显示，反思在大脑的前叶进行（Johnson et al., 2002），工作记忆也在此区域进行加工。请注意，反思时间不是人们所说的休息时间。休息时间安排的是大脑不大可能接收信息的时间（Erlauer，2003），而反思则不同，学生在学校待了一整天，包括在学习某门课程或某个单元时，都可以进行反思。

阿特金斯和墨菲（Atkins，Murphy，1993）明确了反思过程的三个阶段，首先是感觉不舒服，然后是对所处情境进行批判性分析，最后是形成自己的新看法。伯罗斯（Burrows，1995）给反思过程下的定义是："发现理解新信息，并能对其进行批判性的思考，重新思考问题，并确认可能导致的后果。"（p.346）科米斯（Kemmis，1985）对反思过程给出了不同的观点，他认为反思过程具有分析性，内在方面关注个体自身的思想和变化，外在方面则关注当下的处境。就学习者而言，保德、基奥和沃克（Boud，Keough，Walker，1985）都认为反思是智力活动与情感活动结合的产物，学生参与其中有助于开拓视野，对事物有一个新的理解。杜威（Dewey，1910/1997）认为："最好的理解'反思'一词的方式是，从各个方面、各个角度思考某个问题，避免漏掉任何重要的信息。这就好比某人为了看得更仔细，索性把一块石头翻过来，看看它背面藏了什么，或者石头下面压着的是什么。"

我喜欢向我的学生解释反思的重要性，这不仅是他们将新知识与他们已经知道的知识联系起来的机会，也是他们提出疑问的机会——不管是来源于教师、课文的作者或者其他任何渠道。我让他们像侦探一样抓住问题的核心。我还告诉他们，明白自己内心的感受和自己的观点，对问题的思考也很重要。

帕金斯（Perkins，1995）提到了三种不同的智能：神经智能、经验智能和反思智能。神经智能指的是大脑如何有效进行联想和记忆的。经验智能包括个体的个人经历，该经历可以引发智能行为。反思智能指个体如何结合知识、理解和态度来决定如何使用智力和思维。帕金斯认为，经验智能和反思智能可以通过学习而获得，并且他认为，反思智能是其他智能的中控系统。

反思智能是可以教授的，而且必须通过教授来获得，这已经成为一个共识。问题是如何教授？什么是有效的反思实践？迪克曼和布莱尔（Dickman，Blair，2002）认为："智能的反思性质可以解释为：有意识的信息恢复模式，以便察觉潜在的危害或有益关系。"（p.96）他们还认为要完成一个反思的任务，需要从五个方面考虑。

1. 生理方面。实际上，你的大脑在你思考的过程中会伴随着活动而变得活跃。反思的对象越新奇，大脑就会越活跃。

2. 社会方面。反思活动进行时，大脑会对其他脑区进行搜索，进而促进社交体验，因为在你进行反思时，找其他人与你合作或证实你的想法是很常见的。

3. 情感方面。评价是反思过程的一部分。要评价某事是否值得反思，必定会有情感因素的影响。

4. 建设性方面。知识是在反思过程中进行构建的。新的反思模式得以构建，旧的反思模式得以提取。

5. 习惯性方面。新模式的建立和运用，有助于习惯的形成。

要点提示：反思是一种学习习惯。

成长型思维

如果学生知道通过自身的刻苦努力，他们就可以学会并获得成绩，反思就会变得更容易，更有价值。他们需要相信，自身的智力和过去的经历都不妨碍他们学习，他们去年表现不好没有关系，他们是可以通过努力、尝试和犯错去改变旧有的模式的。

对于活在当下、关注未来的学生，卡洛、杜威克（Carol，Dweck，2006）将其称为成长型思维，他们有机会反思自己所学的，并与先前的知识建立联系。相反的，有的学生过多地关注过去而非未来，相信他们能够取得的成就水平生来就注定了的，这种思维方式称为固定型思维。我们都需要具备成长型思维模式，而且，这是可以通过学习获得的。杜威克提出以下四点可以改变固定型思维模式的做法：

1. 学会倾听固定式思维的声音。它可能告诉你不能做些什么。

2. 意识到你是可以做出选择的。你可以听从固定型思维的声音，放弃变得更好的机会，你也可以无视它，着力去做出改进。

3. 使用成长型思维来对抗你的固定型思维。如果固定型思维告诉你你不能做到某件事情，你可以这样回应：即使你第一次做不到，你也会像很多人一样，失败了再重新来过！

4. 你可以决定哪种思维模式占主导。采取行动吧！虽然每次挑战都需要付出艰苦的努力，做出一些改变，但是你能做到！

在课堂上实施这四点会让学生有很大的改变。在你面对新的挑战时，大声告诉他们："今天，我的白板不太好用了，电源好像出故障了，我得想办法解决这个问题。我不擅长修理东西，但是我想去读一下白板使用说明书附带的使用流程图，我看看是否看得懂，好的，有个信号灯，我需要找出来是哪个灯，并在图表上找出相应位置的灯。我会解决这个问题的，在我解决问题时，请转向你的同桌，讨论一下之前在公告栏上的数学题。我想你们一定会觉得很有乐趣的！"这就是成长型思维的表现。你遇到难题了，不知道怎么办，但是你会搞定的！

当学生开始改变他们的思维方式时，反思过程将让他们看到所学内容的多种可能性，从而也能发现自己潜能的多种可能性。

教师培养学生课堂高效反思的七个习惯

好吧，我借用了斯蒂芬·柯维（Stephen Covey）写《高效能人士的七个习惯》（*The Seven Habits of Highly Effective People*，1989）的一个词语。如果读者经常有意识地运用这些反思性策略，就可以成为教师和学生的一种习惯。根据科斯塔和考力克（Costa，Kllick，2000）的观点，人类了解自身的思维是十六种习惯之一。他们认为："聪明人对其思维方法和思维策略进行设计、反思和评估。"（p.5）

教师希望学生能认识他们自己具备的技能、使用的策略和个人经历。科恩（Cohen，1999）在《身心教育》（*Educating Minds and Hearts*）一书里写道："自我反省的能力，认可和理解别人的思想和感受的能力，成为学生成长的重要基石。能够帮助学生理解、管理和表达社会问题和情感问题的各个方面。"（p.11）

要点提示：反思能促进新发现，并增强人与人之间的联系。

——詹妮弗·弗莱彻（Jennifer Fletcher）

习惯一：提问习惯

提问是反思的核心。罗伯特·马扎诺（Robert Marzano）将问题分为四种类型：细节性、分类性、详述性及证据性（Marzano Center，2015）。约翰逊（Johnson，1995）把问题分为以下几类：量性问题、比较/对比问题、感觉/意见/观点/个性化问题、"如果……怎么样"的问题和“怎么会……”的问题。她还把提问分成主动提问和被动提问两类。主动提问是指学生提出问题，被动提问是指学生对问题的回答。教师希望学生在反思过程中能做到两点：提出问题和回答该问题。教师必须树立这种提问的榜样，使之成为学生的一种习惯。

福格蒂（Fogarty，2003）曾提到“大”问题和“小”问题。“大”问题需要使用例子进行讨论和解释，而“小”问题只需简单回答“是”或“不是”。麦克泰和威金斯（McTigle & Wiggins，2013）也探讨了一些基本问题的概念，用于组织和改进课堂教学。

反思问题通常以“为什么”和“怎么样”开始提问。教师用这些问题提问学生，是要求他们自己提问自己，例如，“如何知道自己学了什么？”教师提问的事实性问题（例如“谁？”“什么时候？”或者“在哪里”），并不像那些带有启发性或更高难度的提问那样，会引导学生找出问题的相互联系。

教师应该选择一种提问技巧，并养成使用该技巧的习惯。教师设计课程计划时，应先考虑到教学目标，给课文单元设计几个基本问题让学生思考。在讲授学习内容的时候，挑其中的一个问题来提问学生，以便让学生对此进行反思。如果教师经常使用这种方法，学生会自己提出一些扩展问题。这样，他们就逐步地养成了提问的习惯！

彼得·帕帕斯（2010）根据布卢姆教育目标分类学创立了“反思分类法”，如下所述：

- 记住：你做了什么？
- 理解：这有什么重要的地方？
- 应用：我可以在哪里再次应用到它？

- 分析：我所做的有什么模式呢？
- 评估：我表现怎么样？
- 创造：下一步我该做什么？

我可能会亲自把上面的两个问题修改一下，使其跟个人的情况更相关：理解：这对我有什么重要性？分析：这和我所了解的有什么相似之处呢？

罗特施泰因和圣安娜（Rothstein and Santana，2011）制定出一个方案来，帮助学生试着提问。他们的公式化提问技巧包括以下六步：

1. 设计一个核心问题；
2. 提出相关问题；
3. 设计出封闭式和开放式的问题；
4. 将问题排序；
5. 计划下面的步骤；
6. 反思。

夏洛特·丹尼森（Charlotte Danielson，2011）在探讨教学大纲时，强调了课堂提问的重要性："在教学大纲中，提问和讨论是唯一用到的讲授型策略，这反映出教师教学的重心是什么。"（p.51）其他的评估框架也将学生善于提问看作是卓越教学的表现之一。

要点提示：坚持提问，至关重要。

——阿尔伯特·爱因斯坦（Albert Einstein）

要点提示：推行反思式教学的教师，能够使学生完全投入到思考问题的过程中。

——亚瑟·L. 科斯塔，班纳·考力克
（Arthur L. Costa and Bena Kallick，2009）

习惯二：发挥视觉想象力

俗话说，一幅图画胜过万语千言，视觉想象力强的学生可以把许多信息暂时储存在空间较小的工作记忆里。根据霍华德·加德纳（Howard Gardner，1983）关于多元智能的理论，大多数人都具有图像/空间智能，即在接收其他形式的信息时，可以使用该智能对信息进行多重编码。教师应该加强培养学生这方面的能力。此外，PET扫描显示视觉信息可以极大地促进大脑右半球活动（Burmark，2002）。

教师忽略学生的学习喜好，而要求他们进行视觉想象，似乎是把这种意愿强加于人，但是，从我个人经验来看，各种类型的学习者都可以通过思维导图来提取信息。对于低年级学生，鼓励他们将所看到的画下来，尤为重要。

人们都有定期使用的视觉图像或者思维导图（Armstrong，1993），这些情境记忆（内存图）有助于人们形成对知识和对世界的认知。教师可以将曾使用过类似方法的人作为榜样时常提起，鼓励学生在学习中尝试他们所使用过的策略。在我执教的班级，许多学生是体育迷，他们知道职业运动员会使用视觉想象力技巧来提高运动成绩。克丽·沃尔什和米斯蒂·梅·特雷纳，堪称为史上最出色的女子排球队员，将视觉想象力训练作为日常训练的一部分（Williams，2015）。

阿尔伯特·爱因斯坦、查尔斯·达尔文、西格蒙德·弗洛伊德（Albert Einstein，Charles Darwin，Sigmund Freud）等人也曾使用视觉思维——通过图像来表达他们的理论。例如爱因斯坦曾经想象追逐一束光线，将其相对论的理论表述出来。

教师可以要求学生画出储存在记忆里的视觉图像，以便进行想象。这些图可以是：

- 画一幅从家到学校的地图。
- 画一幅美国地图。
- 画一个抽象的概念，如自由。
- 画一幅自己想象的学校教室的蓝图。
- 画一个象征自由的火炬。

一旦学生意识到脑海里已经出现了这些形象，教师可以鼓励他们使用视觉化的力量来反思新的信息。

习惯三：随身写日记

列昂纳多·达·芬奇（Leonardo da Vinci）7000页厚的日记本仍被人们保存至今。他总是随身带着日记本，记下当天发生的每一件事，例如个人的观察日记、听到的笑话和有关新发明的计划等（Gelb，1998）。

教师也应该鼓励学生养成写日记的习惯，反思时间可以用来写下某些问题、自己的观察、与已学知识的衔接，或者对某一堂课的感想。如果教师跟自己的学生建立了关系，他们在日记本里也会写下这方面的内容。根据目前的研究，用文字记述的经历给人一种掌控感（Restak，2000）。在最初阶段，以下这些有关反思的句型模式也许会有所帮助：

- 我学了……
- 我想学更多关于……
- 我以前喜欢……
- 我以前不喜欢……
- 我以前不理解……
- 如果……我可能会更喜欢或理解得更好。

习惯四：思维指导

教师应该给学生时间思考已接收的信息。思维方式有很多种，鼓励教师发挥自己的创意：

- 思考……
- 回想……的时候。
- 思考将来……的时候。
- 设身处地地替他人思考，他们会思考什么……
- 用再创造性思维思考。（之前这是怎么发生的？）
- 用创造性思维思考。（我能用多少种方法处理这个问题？）
- 考虑使用比较法、类推法或隐喻法。

习惯五：根据学习成效图反思

PMI图表指的是，用于给学生提供有序的反思时间的组织图表。

P代表正面因素，教师刚才讲的哪些内容对你有正面的促进作用？
M代表负面因素，你不喜欢或不理解这些话题和概念的什么内容？
I代表趣味性，你觉得这节课的哪些内容有趣？

教师可以制作水平的或垂直的PMI图表，如果学生已经使用该图表多次，那么他们可以考虑用其他类型的图表。教师也可以用暗示代替趣味性，这对高年级的学生可能是个好的选择（见附录B的例子和其他组织图表）。

习惯六：合作式学习

要养成这个习惯，教师必须培养学生和他人合作的技能。如第一章所述，如果教师给学生讲课时充分发挥自己的情商能力，作为了解学生的一种途径，那么学生就能够处理与他人共同反思的工作。

在2004年课程发展监督局的年度会议上，我有幸听到玛格丽特·薇特莉（Margaret Wheatley，2004）关于她最近的著作《互相聆听：以简单的对话唤醒对未来的希望》（*Turning to One Another: Simple Conversations to Restore Hope to the Future*）的演说。她对当今的人们像机器一样紧张工作的现状颇有看法，并进行了讨论。“我们太忙了，所以不再有时间去思考问题，也不再有时间和亲朋好友团聚。”她建议，人们应该留出时间让自己进行反思、聆听和理解他人。学生恰好可以利用反思阶段的合作式学习做这样的事情。

约翰逊和贺路伯克等人（Johnson，Holubec，2007）提出了有效合作式学习的五个要素。下面从学生的角度来阐述合作学习的过程：

1. 学生们知道这是一种团队学习；

2. 学生们在学习上互相帮助；

3. 每个人都要明确自己的职责；

4. 培养团队合作技能，例如解决冲突的方法；

5. 集体反馈和独立思考。

约翰逊及其同事（Johnson，2007）鼓励教师监督学生的合作式学习。迪雷斯顿（Tileston，2000）还提出了“教师巡视监督”的建议，他认为，教师应该在教室来回巡视，以帮助学生专心完成学习任务。这样做也有助于教师检查学生是否掌握了已学的知识，或者检查一下学生对某个问题或概念是否存在误解。教师也可以打断学生的合作学习进行必要的讲解，或者事后花些时间给学生讲解。表2.2是关于反思合作式学习的步骤；表2.3则是关于反思合作式学习的评分标准。

表2.2 反思合作式学习的步骤

1. 教师给学生示范这种合作式学习的方式需要做什么。
2. 教师与学生讨论必要的社交技能，并要求学生加以练习。
3. 教师要求学生两两一组，学生可以先思考—找搭档—再分享。因此，学生需要一定的时间独立思考，才能和同伴交流。
4. 教师决定如何给学生结对。我通常建议由教师负责决定，而不是由学生自己决定。教师可以考虑这几种方式：随意结对，均匀结对，按性别结对，等等。
5. 教师要留意时间，因为学生对知识掌握的时间长短，会各不相同。
6. 教师可以要求学生在合作学习中承担一定的责任，但不能过分强调，因为这只是个人化的反思过程。

表2.3 反思合作式学习的评分标准

	不及格（1分）	及格（2分）	良（3分）	优（4分）	总分
个人表现					
共享信息	不给组员分享任何信息	只分享很少量的信息，有些信息和主题相关	分享一些基本的信息，大部分信息和主题相关	分享很多信息，全部和主题相关	
重视组员的意见					
聆听别人的意见	讲话太多，其他组员没有机会发言	讲话占了大部分时间，其他组员很少有机会发言	有时会听别人发言，但自己讲的话还是太多	自己讲话和听别人讲话的时间各占一半	
与组员的合作	常和组员争论不休	有时和组员争论	很少和组员争论	从不和组员争论	
				总分	

习惯七：四角反思

学生对知识的多模式反思可以与运动、音乐、讨论以及图像相结合。下面介绍它是如何运作的。

1. 教师把写有重要观点的图表放在教室的四个角落；

2. 教师要求学生分成小组，每个小组聚集在教室的每个角落，讨论相关的观点和自己的想法，并将新的观点写在图表上；

3. 五分钟后，教师播放音乐或吹哨子，示意学生轮换到下一个角落；

4. 每个小组在每个角落重复上述行为；

5. 每个角落由最后一组学生负责总结前面几组写下的信息；

6. 教师要求全部小组集中在一起进行讨论。

如果教师习惯于在课堂上给学生反思的时间，可能要有选择地去做。上课的内容可以影响教师要使用的反思习惯，例如，学习第二次世界大战期间纳粹党对犹太人等进行的种族大屠杀（Holocaust）的跨学科单元时，这个话题自身的敏感性可能导致了不适合做公开的讨论，学生用反思日记的方式来学习可能会更适合些。与之相反，选择与天气有关的科学课的单元内容的学习，并在教室的四个角落展示不同的天气情况，这样的内容最适合使用四角反思式的方法了。

要点提示：成年人在学习新知识时会反思。而当年轻人通过以上七个步骤对所接触到的信息进行整合、整理和反思时，能够有利于建立起新旧知识之间的联系。

教师的反思

教师是否对自己的教学进行反思，或者能否有时间对此进行反思，这一点很重要。吉森等人（Senge et al., 2000）认为反思有三个不同的要素：

1. 重新思考问题。教师反问自己，如：学生理解了我的观点吗？学生达到了我规定的要求吗？教师可以质疑自己的假设和得出的结论。

2. 重新联想问题。如：还有谁使用不同的方法做这件事？思考事情发展的趋势、使用的数据和实施的方法。

3. 重新构思问题。设想可能发生的不同情景，假设教师和学生处于每一种情景时应该怎么做。

根据斯特朗格（Stronge，2007）所说，反思能力是教师非常重要的职业素养能力。关于反思的研究发现，高效能的教师善于进行正式或非正式的反思。在教学中善于使用反思的教师对学生的要求更高，对学生作业和表现也会进行反思，帮助学生不断进步，因此他们教的学生学业成绩更优秀。

要点提示：善于反思并能教会学生如何反思的教师，更了解学生的反思能力，而且他们对学生的反思能力有较高的要求。

反思能力考核

反思可以作为非正式的考核方式。当学生进行知识反思的时候，教师应该在教室里巡视监督，以收集尽可能多的信息。通过对学生反思过程的观察，教师可以了解学生是否已经准备好进入记忆过程的下一个步骤——重编信息。教师可以根据表2.4里对学生七种反思能力的考核标准来决定学生是否能通过反思建立知识间的联系。

表2.4 评价学生反思能力的考核标准

反思习惯	1分	2分	3分	4分	得分
	学生的做法	学生的做法	学生的做法	学生的做法	
提问	不提问，也不回答	提问不切题；答非所问	提出一个相关的问题	提出几个相关的问题	
视觉图像	没有任何视觉图像	视觉图像与主题无关	有一幅视觉图像	能够描述视觉图像	
记录学习体验	没有记下任何信息或记下很少的信息	记下的信息与主题无关	记下的信息是重复别人说过的话	记下的信息有新旧知识的联系	
定向思维指导	不按照指令反思	反思与主题无关的问题	按照指令反思	按照指令反思并取得良好的效果	
学习成效图表（PMI）	没有画图	画图但给出的信息不完整	画出完整的图表	完整画出想象中的图表	
合作式学习	不参与合作式学习	极少参与合作式学习	和他人讨论的时间不长	通过与他人讨论，透彻理解问题	
四角思考	不和他人互动，不记笔记	极少和他人互动，或笔记记得极少	和他人有一定的互动，或记下一些信息	通过和他人互动或记笔记，透彻理解问题	

反思实践

学生们走进教室时，看到我正在给米老鼠穿衣服后都笑了起来。我把米老鼠和唐老鸭两个布玩偶放在桌面上，一边给学生介绍写作方法，一边和学生们一起对它们进行比较和对比。这对学生来说并不难，而我的目的就是让学生的记忆储存能够集中在写作形式上，这种情绪和新奇性有助于我了解学生。这篇文章篇幅不长，学生能由始至终集中注意力，我把两者之间的相同点用红色记号笔标出，不同点用绿色记号笔标出，这两支记号笔的不同颜色似乎也引起了学生们的兴趣。

接下来的时间是让学生对知识进行反思。我要求学生使用视觉思维习惯，“你们要虚构出两个人，根据他们的体型特征对其进行比较和对比，在脑海里想象出他们的形象，并对他们的形象的异同点进行比较。”我给学生5分钟的时间对该信息进行思考，大部分学生都在进行联想，有的学生点点头，有的学生在嬉笑，有的学生表情很严肃，还有几个学生懵懵懂懂的不清楚状况。

“我们应该再认真思考一下，想得再具体一点。现在，拿出一张纸，画出你想象出来的两个人物。比较并写下这两个人的体型特征，再用箭头标明这些特征。”

听到我这么说，所有的学生都马上开始做这个练习。那些还没有想象出人物形象，或者没有完全理解比较和对比写作法的学生，也开始学以致用了。这时我在教室里来回走动，巡视学生写得如何，以便决定我是否应该讲解另一篇文章，还是他们可以开始写自己的文章了。

要点提示：学习喜好、情感状态或者具体的学习内容都会影响反思过程。教师应该不断反思，随机应变。

思考记忆储存里的信息

通过回顾有关针对智力迟钝学习者的教学策略的研究，贝尔蒙特、布特菲尔德和菲罗迪等人（Belmont，Butterfield，Ferretti；引自帕金斯Perkins，1995）得出的结论是：如果这类学生在掌握自我监督策略的同时，也会将记忆策略转移到其他环境中，他们所学习的策略就是提问。

能够对自己的思维习惯进行反思，是终身学习的必要技能。反思习惯使我们更好地了解大脑是如何工作的。学生需要这种能力来计划、监督和评价自己的思维，对自己的思想和行为都能有更好的把控。了解我们怎样思考和为什么这样思考是一种元认知，它有助于人们在新的情况下也能恰当应用习得的思维技巧。

综上所述，学生目前已经通过感官记忆学到了知识，并将知识存储到了即时记忆里，现在就可以熟练掌握记忆储存中的有关事实和概念。因此，他们在努力建立记忆间的联系的同时，也在练习新知识，并寻找新旧知识衔接的路径。

思考

1. 有些学生对具体问题反思的反应会好些。这就是说，他们需要“去做”，才能够“理解”。如果某种反思习惯不适用于每个学生，教师应该随时转换另一种反思习惯。

2. 由于许多学校都看重教学大纲的覆盖面和学生的测试成绩，教师在课堂上给学生反思时间似乎是件很奢侈的事。但是，教师应该牢记，反思步骤对于学生实现有价值的记忆大有帮助，而这意味着学生开始真正掌握所学知识。

3. 有些学生可能会过度反思、过度分析某些信息或情况，因此教师有时候需要限制学生的反思时间。而另外一些学生可能并不理解所学的内容，也因此不能进行很多的反思，教师若给他们太多时间思考，会对其他学生造成干扰。

4. 不管使用哪种习惯让学生进行反思，教师应该知道，这么做是为了留出时间让大脑进行思考，建立知识间的联系。

第三章

重编信息

只有将某个事物以文字形式表达出来时，才算对它有了清晰的认识。

——早川博士（S. I. Hayakawa）

新学年开始前一周，我收集了一大堆生活励志电影，准备慢慢享用，如《生命因你而动听》《为人师表》《死亡诗社》和《危险游戏》等。电影《危险游戏》中，向学生讲解诗歌的教师卢·安·约翰森说："这首诗是用密码写的，你们需要破解它的密码。"我观看这部电影时，突然意识到自己在提高学生记忆力这方面没有下足功夫。

我们的学生总是在不断地尝试解码，例如对教科书、一堂课、视频和互联网等的信息解码。不同媒介使用的语言各不相同，学生对语言的理解也会因他们的背景不同而各不相同。我觉得自己好像发现了一种记忆强化剂，如果我的学生能够"解码"，并用他们自己的语言重编信息，那么他们不但可以更好地理解该信息，而且对该信息的记忆也会更深刻。

什么是重编信息

重编信息指的是从不同渠道接收信息，并用自己的语言重新生成信息的能力。这信息可以是符号式的，例如它可以用画图或动作表示，但是，教师应该清楚，学生在测验时，必须能够使用语言将信息表达出来。因此，教师在教授学生七步记忆法时，学生必须通过纸笔来处理加工信息。

列维恩（Levine，2002）认为，那些不能对信息解码并进行重编的学生的即时记忆容易出现障碍，他把重编信息定义为总结和释义的能力，所以他建议教师鼓励学生运用最拿手的感官途径来解决该问题。

我赞同文章开头引用的早川博士的观点，即如果学生能用自己的语言书面描述所学知识，教师就可以知道他们的确是已经掌握了，他们在尽力记忆信息，因此，如果出于测试的目的，让学生写一篇文章，或者其他形式的测试，会比纯粹的选择题能提供更多的信息。信息重编过程中，教师希望学生能够写下当前他们对所学知识的理解，起初，一些学生可能在写作上有困难，需要使用不同的表达方式，这就要求教师适当进行差异化教学——按照各个学生的实际水平提供难度适中的考核方式（Tomlinson，2014）。如果教师在课堂上真正实施差异化教学，就应该允许他们在重编信息时可以选择不同的表达方式。当学生表明他们已经掌握了所学知识之后，就可以尝试其他的表达方式（Sprenger，2003）。由于教师的授课方式是与笔试的考核标准相一致的，因此，教师应当多多鼓励学生通过语义途径表达信息。

要点提示：自我生成的信息更易于记忆。

为什么要重编信息

我当时正在做一个有关记忆的演讲，在场观众约有1400人。刚一开场时，我对观众说："有谁认为自己记忆力挺好的，请站起来。"话音刚落，有十几个人站了起来。

接下来我又说："有谁曾经丢过钥匙的，请举手。"这时，我看到所有人都举起了手。

我继续说："你们当中有多少人总会把钥匙放在家里或办公室里一个专门的地方存放呢？"这次他们再次全都举手了。"除非你们没有钥匙可放，要不你总得找个地方放好。"我说。他们听了之后都笑了，并点头表示同意。

"说真的，我也经常找不到钥匙，有好几次我差点想给心理咨询热线打电话了，想知道我那些钥匙到底跑哪里去了，"我对他们说，"记忆研究会让我们感觉更好一些。研究表明，我们无法提取没有储存的信息。如果你的钥匙没有在专门存放的地方，那是因为你当时脑子里想着太多的事情，根本没留意自己放哪里了。因为你没有用到自己惯用的典型组织模式，这就是为什么一步步回想所发生的事情，有助于恢复你的记忆。"

斯莫尔（Small, 2003）等许多记忆专家提出，组织整理信息对形成有效的记忆起到了关键的作用。大脑是否能成功地储存和提取信息，取决于我们能否根据不同的组别、模式以及其他结构方式，对信息进行系统性的排列。

我曾在研讨会上做了这么一个测试：我通常会一次朗读10个单

词，然后停顿几秒钟，要求大家把它们全部写出来。大部分人刚开始都很难写出所有单词。但是，当我告诉他们这些词可能属于一个类别时，他们一般都能够记起来，并写下来（如表3.1、表3.2所示）。然后，

表3.1 分类（分类前）组织单词记忆（20个）

苹果	汽车
锤	梨
火车	玫瑰
橙子	扳手
百合	松鼠
菊花	飞机
斑马	狮子
郁金香	钳子
锯	骆驼
樱桃	船

表3.2 分类（分类后）组织单词记忆（20个）

水果	动物	花朵	交通工具	用具
苹果	松鼠	玫瑰	汽车	锤
梨	骆驼	百合	火车	扳手
橙子	斑马	郁金香	飞机	钳子
樱桃	狮子	菊花	船	锯

我会对所有人都强调一点，告诉学生如何有效地组织信息，对于信息的储存和提取非常重要。

恩格尔等人（Engle，Kane，Tuholski，1999）认为，记忆储存容量大的人在大学入学考试、智力测验和阅读理解测验中会比其他同学得分更高。北卡罗来纳州立大学社会认知实验室的研究显著表明，写作会普遍影响记忆储存容量。此项研究测试了三个小组：第一组描写一次愉快的经历，第二组描写一次不愉快的经历，第三组描写一些日常活动。结果显示，通过写作，他们的记忆储存容量都提高了（Klein，Boals，2001）。

其他的一些研究报告也证明了自我生成的材料的有效性。布鲁宁、沙洛和洛宁（Bruning，Schraw，Ronning，1999）都认为，学生对信息进行重编，并生成有意义的语境时，记忆能力也在提高。这一研究可以应用于现行的词汇教学的课程设计中。对于单词，学生们能够生成自己的定义和描述，这很重要，这样使得单词及其定义与个人更加相关（Tileston，2011）。关于生成效应的研究（Rabinowitz，Craik，1986）也反复地证明，当学生针对信息生成自己的意义表达时，他们的学习成绩得到提高。

信息的自我生成对记忆过程有着重要意义，因为学生对知识创造了自己的理解，包括接收清晰的语义信息，并以自己的方式对信息进行编码，这相当于在记忆过程中添加隐性记忆。如果学生在真正地理解信息，情感在此过程中也起到了一定的作用，学生对信息进行重编的过程中，也会包含动作或程序化步骤，这些因素都有助于加强学生的长时记忆。

组织信息在重编事实性信息的过程中显得尤为重要。大脑可以组织信息，但是如果我们不能主导这一过程，就会导致很难提取相关信息。信息重编使得学生有机会理清思路、组织材料和构建概念。这种传递模式不仅要借助于脑部活动，也要依赖某种特定的材料。

我们以同样的方式重复提取信息，而且不需要学习相关概念的时候，信息的组织过程也许会完全不同。例如，我们学会了乘法表，每次都希望以同样的方式自动提取这方面的信息。虽然我们用死记硬背的方法背诵，就可以记住乘法表，但是掌握其背后的概念原理依然很重要。

对某些学生来说，组织信息并不容易。他们在处理以下事务时可能都会感到很棘手：如何找到所需要的信息、合理管理时间完成任务、处理复杂的任务、对要做的事情进行主次排序，以及理清他们的思路等（Levine，2003）。通过重编信息，学生学会了一些在很多情况下都可以用得到的学习策略，即心智模式或图式。

记笔记还是做笔记

教师讲课时，会问学生是否能够重编信息。如果你的课堂是脑兼容式的，教师通常不希望学生边听课边记笔记（Jensen & Nickelson，2008）。研究表明，大脑无法多功能运行，边吸收新的知识边记笔记实际会强迫大脑进行任务转换，这对大脑是一种干扰（Medina，2014）。同时，重编信息也是七个步骤中的一个，且只在反思知识后进行。学生忙于记笔记时，往往来不及进行反思，在这种情况下，倒不如让学生跳过记笔记，而是听讲，理解知识。如果讲课过程中停顿几分钟，让学生记笔记，这样学生吸收知识的效果会更好。

从本质上来讲，知识重编指的是做笔记的过程——即学生在不受干扰的情况下用自己的话记录知识，并将新旧知识进行结合的过程。

要点提示：教师讲解完知识后，要求学生马上进行知识提取，有利于记住知识。例如，“告诉你的同桌你刚才所学到的”。

事实性知识、概念性知识及程序性知识

已经接收和经过反思的信息是为重新编码而开发的，这些信息包括事实性知识、概念性知识或者程序性知识。根据安德森及其同事的观点（Anderson et al., 2001）：

- 重编信息属于理解概念性知识的认知过程类别——教学信息（包括口头信息、书面信息和图表信息传递）的意义构建。
- 程序性知识属于过程类别——在特定的情况应用、实施或使用某一程序。
- 事实性知识属于“记忆”类别。重编信息有助于教师测试学生对授课内容的认知和理解。在某些情况下，教师也可从中提炼出所学内容对学生的意义。

重编事实性知识

事实性知识包括术语和详图，学生应该原原本本地按照所学习的内容来记忆。了解这些信息对学习概念性知识和程序性知识是非常重要的，斯坦伯格等人（Sternberg，Grigorenko，Jarvin，2001）认为："如果一个人对任何事物都不了解，他就无法加以分析（分析性思考能力）、超越他的所知（创造性思考能力），或应用他的所知（实际思考能力）。"（p.48）

重编事实信息可能会给不同的学生带来不同的过程。对某些学生来说，反复写下信息或许很有用，正如他们反复练习拼写单词一样；而有些学生会用口头复述的方式；有些学生则会用符号、歌曲或动作对信息加以重编。

我们可以把词汇看作是一种事实性知识。研究表明，教师应该使用直接教学法教学生学习单词。为了帮助学生通过语境更好地理解单词的意思，教师在讲解课文之前都需要解释单词。研究还建议把单词和某个相关的图像联系起来是最好的学习方法（Marzano，Pickering，Pollack，2000）。因此，我建议教师使用下面的步骤教单词：

1. 选出课文里的重点单词；

2. 通过代表每个单词的图像引出单词并进行解释；

3. 要求学生思考这些单词的意思和图像；

4. 要求学生自己想象一副图像，可以将每个词汇联系起来。

要点提示：掌握事实性知识是理解概念性知识的基础。

重编概念性知识

以下的七个认知过程可以帮助大脑从所学知识中构建相关意义（Anderson et al., 2001）：诠释信息、举例说明、分类信息、概括信息、推理信息、比较信息、讲解信息。教师要求学生不仅能牢记信息，还会转化信息，以及在任何意想不到的情况下都能够应用该信息。

诠释信息。简言之，知识重编的意思是诠释知识，或把知识从一种形式变为另一种形式的能力。学生在课堂上记笔记，并非只是逐字记录教师说的话，而是在诠释教师的教学信息。诠释的类型包括：释义、阐明和翻译，释义是最为常用的一种方式，它指的是将原文的意思用自己的话表达出来，但是仍要保留原文的意思，并忠实于原文。在知识重编过程中，学生会认为自己将老师所讲的内容进行释义了。

以下这种释义的策略来自克里斯·比弗尔（Chris Biffle，2013）设计的“全脑教学法”的一部分。教师讲完课后，学生两两一组，用自己的话讨论他们所学到的知识，也可以记笔记。学生现在就成了正在进行的教学过程的一部分，他们通过多种感官的方式将学到的内容彼此分享。当学生们将所学的知识教给别人时，学习效果是最好的。这种方法的另一个好处是，教师一眼就可以看出学生是否全心投入到了课堂学习中。

教师直接教授学生如何诠释信息，这使许多学生极为受益

（Olivier，Bowler，1996）。诠释可以有很多种不同的形式：学生可以释义一段著名的演讲，画图说明有丝分裂的过程，在故事场景中解决数学难题，或设计一段舞蹈，表达清教徒或印第安人的情感。教师应该训练学生做好在其他情况下也能够使用诠释信息的准备，因为他们在现实生活中和在标准化测验中都会用到诠释的技能。斯蒂金斯（Stiggins，2004）认为，教师应多提供给学生机会练习如何诠释信息，这有助于提高学生的考试成绩。例如：用自己的话解释一段信息、一个表格或图表。

举例说明。在学生日常生活中寻找学习材料的例证是许多学生喜欢的任务。例如，学生学习几何学时，常做的一个作业是给角度下定义，并对此进行讨论。教师常派学生到大楼里进行“实地考察”，寻找他们学过的角度。

有关举例说明比较常用的一个图表是由威斯康星大学的学者多萝西·弗雷尔及其同事创建的。这个图表本来是用来比较形象地记忆单词的，现在各年级学习各种概念或内容时都可以使用。这个图表具有四个象限，分别为：描述、特征或事实、例证及非例证，需要学习的单词或者概念可以放在中间（具体例子可以参考附录B部分的第11个图表）。这种方法有助于激发高阶思考，学习背景知识，适用于个人、小组或大组学习使用。

卡恩（Kahn，2002）认为，一套好的例证包括简单的、典型的和特殊的例子，它可以和一些非例证互相补充。简单的例子是不诠自明的；典型的例子包含某个想法的全部特征；特殊的例子是指学生真正理解了相关信息后，举出有创意的例子；非例证能反映出学生对问题的理解，如果学生明白了什么不适合用做例证，说明他们对概念有了进一步的理解。

讲故事属于举例说明的一种形式。学生喜欢讲故事，因为讲故事可能回忆某种方式用到某些原则和概念的重要内容。达马西奥（Damasio，1999）说："讲故事可能是大脑很钟爱的一种活动，就进化论和复杂度而言，很早以前，可以说在语言产生之前，人们就开始讲故事了。"讲故事是语言产生的先决条件，事实上，讲故事是语言产生的前提，它的活动区域不但位于大脑皮层，而且遍布大脑的其他区域和左右脑半球（p.189）。艾伦和斯考兹（Allen and Scozzi，2012）认为故事构建一个框架，可以通过批判性思维方式使各种观点相互协作、相互联系。凯恩（Caine，Caine，1994）认为："我们有充分的理由相信，用讲故事的形式组织信息是大脑的自然加工过程。"（p.122）既然如此，我们为什么要和自然规律作对呢？如果这个方法对于学习有效果，教师不如鼓励学生用故事的形式对信息进行重编。

插图是举例说明的另一种形式。伯马克（Burmark，2002）引用一个研究表明，使用有课文插图的小组要比使用没有插图的小组的成绩高出36%。能够画出或找出插图对概念进行举例说明，对视觉和动觉学习者尤其重要。

分类信息。如果我们需要假设某事物属于某个特定类别，就需要了解该事物的显著特点。安德森及其同事（Anderson et al., 2001）认为，分类和举例说明是两种互补的能力。如果需要举例说明，就要从一般概念或原则着手，到理解更具体的现象。分类则恰好相反，是用具体的例子引导学生理解一般概念或原则。分类任务可以是教师导向型的，也可以是学生导向型的（Dean，Hubbell，Piter & Stone，2012）。教师导向型的分类任务，指教师给学生一些要素和种类进行分类，比如“列出一个我们刚讨论过的美国内战英雄的名单。对你选择的英雄进行分类，但是要确保这种分类紧扣其中的一个教学目标，如学生应该了解参与美国内战的关键人物。”学生重编信息时，需要决定哪种要素属于哪个类别，并负责弄清楚这样分类的原因。

学生导向型的任务，指学生必须理解这些要素并对其进行分类，比如“列出一个我们刚讨论过的美国内战英雄的名单。可以使用下面的类别，表明你了解参与美国内战的关键人物：盟军、职务和战役。”

由于学生导向型任务分类要求更高级的认知过程，因此教师需要对学生区别使用该策略。对已经准备过渡到高级认知过程的学生，教师可以布置学生导向型分类作业；而对于那些准备不充分的学生，教师则可以选择教师导向型作业，图表组织者对这类信息的重编很有帮助，如T形图、思维导图、因果关系图和韦恩图等（见附录B），都是些有用的组织图例证。辨认异同的研究也包括分类（Dean，Hubbell，Pitler & Stone，2012）。通过比较事物异同来获取知识的学生的学习百分比增益达到31%～46%。

某些分类会优于其他的分类吗？答案是肯定的。想想这个常见的问题：对你电脑中的文件进行归类，你是否曾完成一份文件，并想过给它起不同于其他文件名的名字？在你给文件命名的时候，在记忆储存里有大量这方面的信息，你肯定可以毫不费劲地找到需要的文件。过段时间后，如果你需要提取该文件的名字，就得不断进行搜索，但你用的文件名却无法激活那些相关的记忆。你得核查好几个文件，才能找到所需要的资料。我们的大脑和电脑差不多一样，如果信息类别和分类不明显、释义不清，我们在储存和提取信息时就会遇到困难（Baddeley，1999）

概括信息。学生在构建信息表征时需要用到重编信息的策略，当学生这样做时，学生的百分比增益达到了47%（Marzano，Pickering，Pollack，2001）。概括信息有两条基本原则：填补空缺信息和整合信息（Marzano，Pickering，Pollack，2001）。概括信息的内容包括摘录文章的主题和大意，它是标准化成绩测试中经常测的一项技能。列维恩（Levine，2002）建议："所有学生都应该提高概括能力。"（p.148）

如果学生能阅读一篇或更多的文章，并概括总结出重要的概念和大意，他们就能够在不同情况下运用该项技能（概括能力）。因此，学生应该明白他们在概括时需要做到以下几点：

- 剔除不重要的信息；
- 删除重复的信息；
- 把同类的单个词素归类（如黄金、银器和镍都属于金属）；
- 给出一个主题句.

以下是概括的范例：

原文：童年时期，男孩和女孩的大脑半球存在差异。一般来说，女性的脑部开始发育时，左脑半球较大，而男性从孩童时开始，右脑半球较大。这个现象很有意思。如我之前所说，众所周知，女性的语言能力比男性强。实际上，女幼童掌握的词汇量大于同龄的男幼童。如果我们再了解一下左右脑半球的功能，这种说法是完全有道理的。语言是左脑半球具备的功能之一。如果女孩的左脑半球发育较早，她们的沟通技巧和词汇量都比男孩强，这很自然。布法罗大学的一项研究中，对男女婴儿的脑半球差异情况进行了对比。令人惊讶的是，女婴用左脑半球聆听声音和加工语言的同时，男婴则一直在用右脑半球。这似乎表明男婴要到九个月大时才会使用左脑半球加工信息。也就是说，女婴左脑的语言中枢的神经元网络已完成连接好几个月了，男婴的左脑半球才开始工作。

剔除多余语句的概括范文（划线部分为要剔除的语句）

~~童年时期，男孩和女孩的大脑半球存在差异。一般来说，~~女性的脑部开始发育时，左脑半球较大，而男性从孩童时开始，右脑半球较大。~~这个现象很有意思。如我之前所说，众所周知，~~女性的语言能力比男性强。实际上，女幼童掌握的词汇量大于同龄的男幼童。~~如果我们再了解一下左右脑半球的功能，这种说法是完全有道理的。~~语言是左脑半球具备的功能~~之一。如果~~女孩的左脑半球发育较早，她们的沟通技巧和词汇量都比男孩强，~~这很自然。~~布法罗大学的一项研究中，对男女婴儿的脑半球差异情况进行了对比。~~令人惊讶的是，~~女婴用左脑半球聆听声音和加工语言的同时，男婴则一直在用右脑半球。这似乎表明男婴要到九个月大时~~才会使用左脑半球加工信息。也就是说，女婴左脑的语言中枢的神经元网络已完成连接好几个月了，男婴的~~左脑半球才开始工作。

剔除多余语句的概括范文

女性的脑部开始发育时，左脑半球较大，而男性从孩童时开始，右脑半球较大。女性的语言能力比男性强。实际上，女幼童掌握的词汇量大于同龄的男幼童。语言是左脑半球具备的功能。女孩的左脑半球发育较早，她们的沟通技巧和词汇量都比男孩强，布法罗大学的一项研究中，对男女婴儿的脑半球差异情况进行了对比。女婴用左脑半球聆听声音和加工语言的同时，男婴则一直在用右脑半球，这似乎表明男婴要到九个月大时左脑半球才开始工作。

概括大意：

男孩和女孩的大脑发育存在差异（注意新主题句）。女性的脑部开始发育时，具有语言功能的左脑半球较大；而男性脑部发育时，右脑半球较大，这也许可以解释为什么女性的语言能力比较强。实际上，女幼童掌握的词汇量大于同龄的男幼童。布罗法大学比较了男女婴儿的脑半球差异情况，发现女婴用左脑聆听声音和加工语言，而男婴则要到九个月大时，左脑才会发挥同样的功用。

听一场演讲可以使学生收获很大，如马丁·路德·金（Martin Luther King's）的《我有一个梦想》，教师可以要求学生两两组队，或分成小组，帮助他们理解整个概括过程。教师也可以要求学生阅读课文中的一段话，然后给出合适的题目，这也属于概括。

对许多学生来说，要做到很好的概括并不容易，他们对课文的理解和掌握越好，就越容易概括。提纲的作用更加不可忽视，马扎诺及其团队研发的《课堂教学实用指南》（2001）一书中以提问的方式，给出一些常见的问题类型，如记叙文、命题说明文、议论文，以及有关定义、论证、问题及解答或对话等文章片段。

推理信息。推理是基于证据得出结论的一种能力。作为语言类教师，我发现教授学生如何认知是一个比较难教的过程，但推理又是国家级测验经常测试的一项技能。在语文类学科中，文章的主题是作者想要传递给读者的某种普遍的观念，然而，作者却很少直接书面写出文章的主题——这需要读者自己通过阅读推理得出。我发现把事实和推理区分开来，对此很有帮助，事实是我们能够观察的事物，而推理则意味着对某事的诠释，是无法被解答和被证明的。

学生必须先领悟文章的言外之意，才能得出推论。一个三列的柱状图可以作为组织图的参考，图的第一列标出“事实”或者“我肯定知道的事情”；中间一列标示“问题”或者“我想知道的事情”；第三列注明“推论”，此列的陈述以“也许”或“可能”开始。内容包括“事实”（或者“我所观察到的或知道的事情”）和“推论”（或“我的解释”）的两列柱状图也是可行的，由于学生通常会热衷于推理，在一定的语境中得出推论是理解主题的有效方法。马扎诺（Marzano，2001）建议教师可以把下面的推理问题写在图表里：“此人处于什么特殊的情绪状态？”“此事通常会在哪里发生？”“人们通常会如何处理此事？”

托瓦尼（Tovani，2000）建议教师首先要帮助学生区分个人观点和推论这两者的不同特征。个人观点有可能以事实为根据，但我们却不能这么假设，单纯使用个人观点来诠释课文显然不够充分和全面，教师可以问学生什么词语有助于他们得出结论。界定以下的词语：

- 预言：指逻辑猜想，基于确定的事实或与课文对立的事实。
- 推论：指逻辑性的结论，基于课文线索和背景知识。
- 假设：认为理所当然的事实和陈述，可能是正确的，也可能是不正确的。
- 观点：并非基于事实的观点或结论，可能是有道理的，也可能是荒谬的，它只是主观的，没有经过证实的个人想法。

哈维和高德维斯（Harvey，Goudvis，2007）建议，教师和学生玩字谜游戏是帮助他们掌握推理技巧的途径，讨论、阅读肢体语言和视觉表情也会对他们很有帮助。

比较信息。马扎诺（Marzano，1998）的研究表明，元分析结果证明，学生能够对比找出事物间的异同，是提高学生成绩的第一诀窍。研究认为可以通过以下三种方式对学生进行引导：

- 教师给出明确的指引，让学生识别事物的异同。
- 教师要求学生独立识别事物的异同。
- 教师要求学生用图表或符号形式，描述事物的异同，提高他们理解知识和运用知识的能力。

为了有效地进行对比，学生必须理解基于异同的、能起决定作用的特征。常用于对比的组织图表是韦恩图（见附录B），我以前常鼓励学生思考问题时将这些图表可视化，共性写在圆圈重叠的中间；非共性或不同的特征放在每个不交叉的圆圈里。

隐喻法和类比法也有助于学生比较信息，使用这两种策略时，教师可以先给出一个陌生的概念，然后用一个熟悉的概念来等同前者。我会引用莎士比亚的话讲解隐喻的概念："世界是个舞台。"这句话比较了两个不同的事物：世界和舞台，我要求学生对其进行讨论，用图表找出它们的异同。

其实，最好的隐喻例子就是学生们自己举出的例子。我一般会运用以下的步骤：

- 从我们学过的题目里，选择你感兴趣或有所了解的话题（如天气和电脑）。

- 给你非常熟悉的每个题目下定义（如：天气——大气状况；计算机——可进行计算的机器）。
- 确定两者在准确性方面的相似度（如，天气和电脑两者都是易变的）。
- 确定两者在抽象性方面的相似度（天气，如风暴，可以影响电脑的正常使用）。

类比法通常是一条公式，如“A和B的关系就如C和D的关系一样”或“A和B的关系与C和D的关系相似”。参加过米勒类比测验的人对这个概念较为熟悉。教师可以给出一个例子，向学生解释这个公式所表达的意思。例如：鱼——游泳；鸟——飞行。

以下是涵盖了许多内容的不同类型的类比例子：

- 同义词——母亲：妈妈；父亲：爸爸。
- 反义词——吸入：呼出；留下：离开。
- 定义——盒子：由四面组成的容器；球：一个球形物体。
- 物体对功能——笔：书写；车：驾驶。
- 部分对整体——舌头：嘴巴；头部：身体。
- 类型对例证——流感：疾病；沃尔沃：车。
- 位置——巴黎：法国；书：图书馆。
- 零件——蛋糕：奶油；计算机：芯片。

研究建议，儿童使用类比方法的能力和他们工作记忆容量有关。此项研究中令人振奋的消息是年幼儿童也可以通过使用类比法获得信息（Singer-Freeman，2003）。

教师讲解隐喻法可以帮助学生了解未知的事物。隐喻法和类比法强调事物的内在联系，并帮助学生认识和理解相关的模式。此外，成语和明喻法也有助于学生对相关的知识进行组织和建立联系（Richards，2003）。

讲解信息。因果关系是解释的基本要素。学生可以依据给定的某个描述的方式，得出并应用因果关系模式，要做到这一点，他们必须先理解描述对象各要素及其相互间的关系。因果关系可以用“如果……那么……”的模式来表达，例如：“如果你感染了感冒病毒，那么你可能会感冒。”“如果你在开车时打电话，那么你可能会发生事故。”

在表达因果关系时，学生可以使用这些连接因果关系的词语，如影响、改变、为什么、原因、结果、结果是、由于、原因是、后果和减少等。

一般来说，学生对事情发生的原因会觉得好奇。学生可以通过“结果——原因”或“原因——结果”的方式来重编信息以探究原因：“彼得恨麦克，因为麦克对彼得说谎。”“麦克对彼得说了谎，所以彼得恨麦克。”

正因为任何事情的发生都有其原因，教师的授课内容大都会提起因果关系原则。教师会使用“会怎么样”提到一些涉及因果关系的问题，如，“你往一杯牛奶里加柠檬汁，会怎么样？”“如果你在图书馆发出噪声会怎么样？”“为什么小心驾驶非常重要？”“如果你吃多了会怎么样？”T形图可以用作组织图表示因果关系（见附录B）。

要点提示：学生重编信息时可以构建自己的记忆。

重编程序性知识

重编信息的目的是了解学生是否掌握了所学的内容。例如，教师向学生介绍某一套程序之后，给他们一定的时间对此进行反思，接着教师要求学生用自己的方式重编该程序，用自己的方式解释清楚，以确保他们理解相关的概念。比如，教师可以用以下的程序解决故事中的难题：

1. 问题是什么？
2. 重要的事实是什么？
3. 你有足够的信息解决这个问题吗？
4. 你的信息是否太多？
5. 你会用什么样的操作方法？
6. 标注你的答案。
7. 你的答案是否合情合理？

接着学生可以以某个程序应用于一个问题，看是否可行。如果学生的知识重编步骤不能解决问题，他们可以做出一些改变。这个方法也适用于科学和其他领域的问题解答。

做决策是教师鼓励学生掌握的另一个程序。学生可以根据以下原则作为指引：

1. 定义某个问题；

2. 设立目的/目标；

3. 定义选题的标准；

4. 收集相关信息；

5. 确定可行的替代方案；

6. 预测将来的后果；

7. 比较替代方案；

8. 选择最好的替代方案。

克伦奈（Crannell，1994）说："专职数学家的大部分精力都用在了写作上，包括写信给同事、写申请获取资金资助、写论文、写工作备忘录和教学大纲等。因此，出色的写作能力对数学家非常重要，因为写作能力逊色的人很难发表文章、引起院长的注意和获取经费。许多数学家花大量时间写作，做数学题的时间反而不多。这听起来有点讽刺，但事实就是如此。"克伦奈建议以下的步骤可以用于数学论文写作：

1. 清晰地重申要解决的问题；

2. 用一个完整而独立的句子陈述答案；

3. 清晰地陈述算式的假设；

4. 用一段话解释如何解决问题；

5. 清晰地注明图解、表格、曲线图或其他数学的视觉表征（如果这些会真的用到的话）；

6. 定义可以使用的所有可变量；

7. 解释如何导出每道算式，如何推导出此算式？

8. 正文写完写致谢；

9. 检查拼写、语法和标点符号是否都正确；

10. 检查数学运算是否正确；

11. 作者是否解答了论文开头提出的问题?

苏萨（Sousa，2016）认为，写作是一种在交流数学概念的同时吸引神经元的动态活动，写作也有助于学生整理自己的想法。

要成为出色的作家，跨学科写作是一个重要的成功因素。很明显，研究结果支持这个观点，即学生写下有关的内容、概念、事实或程序是一种巩固学习的好方法。库克（Cooke，1991）提到："要求学生写作……是鼓励他们根据教师的规定积极参与不同学科的学习：熟悉各种模式、交换意见、理解意思——换句话说，这就是学习。"（p.5）

研究结果很明了：对阅读和写作进行基于学科的授课，有利于促进学生在各个科目上的进步。研究表明，进行跨学科的阅读和写作对于学习至关重要。反之，如果没有合宜的策略来引导阅读材料的学习及随后的写作训练，学生将会很难理解相关概念。

要点提示：学生必须理解所学程序内包含的概念，以便让这些信息具有可传递性。

非语言表征用于重编信息

非语言表征指的是没有文字的任何形式的信息，如动态活动、图画和图表表征。实际上，学生接收语义信息后会把它转化为非语义信息。

许多研究者认为，人们总是借助语言和表象来表达信息。例如，迪恩等（Dean，Hubbell，Pitler，Stone，2012）的研究表明，使用几种组织图表后，学生成绩的百分比增益达到了40%。

某些学生倾向于使用图画、制作模型或移位等方式来重编信息，T形图会起到很大作用，在图的左边，学生们用语义阐述已知信息，并在图的右边配以图画或符号。凯尼恩（Kenyon，2012）认为，另一种组织图——思维导图，与非语言学要素共同使用时，对于读写困难的学生特别奏效。思维导图用图像和符号就能获得大量信息。

如果学生已经对非语言信息进行重编，就要尝试使用语言进行重编，因为重编信息有助于学生掌握概念，一旦学生理解了概念，语义途径的转化就成为有益于考核评估的练习。

处理记忆储存中的信息

信息重编过程使大脑有时间和机会对信息进行必要的连接。如果学生能够用自己的语言阐述事实、概念和程序，说明他们完全掌握了该信息。

当然，不排除有的学生背景知识不足，或者就是“不明白”我们所展示的知识，这很让人沮丧，而且整个重编过程是基于对所学内容的错误理解上。这种误解持续时间越长，就越难改变（Bailey & Pransky，2014），因此，教师一旦发现学生有错误理解，一定要及时纠正。

教师应该要求学生在课堂上对信息进行重编，因为让他们回家再做，学生的压力会很大。在学生重编信息的过程中，教师不应该让他们在课堂上做作业或做练习，而是要留出时间让他们提问和思考。在进行七个步骤中的这一步时，学生刚对所学知识进行了反思和“试用”，即进入重编信息阶段，在记忆储存中运用新知识是大脑连接神经元网络的开始，如果连接准确，新知识将会得到巩固并转为长时记忆。

思考

1. 思考你现在习惯使用的教学策略。你经常使用重编信息的策略吗？你如何将其融入你的教学过程中？

2. 检查你一直使用的重编信息策略，是否会觉得自己使用这些策略的效果要比其他策略好？除了使用你擅长的策略，尽可能多地让学生介绍这些基于研究的策略。

3. 你可以使信息重编的过程尽量简单易行。我一般会使用小白板，让学生在上面写下他们所学到的与主题相关的内容，随后我会在教室里走动，用几分钟的时间检查一下学生的理解是否到位。然后，我会让学生找一位搭档来比较一下他们所写的，这种简单的交互式教学能够清除学生们的错误理解。

4. 我最喜欢的方法之一是“展示并解说”（Show to Tell）：让学生简单画一张与主题相关的图画！这个方法对于词汇学习非常有效。下面，是一位二年级的学生画的对于单词“鸟巢”的理解，如图3.1所示。

图3.1 鸟巢

瑞贝卡·阿尔博（Rebecca Alber，2014）建议可以采用速写、停顿式速记、一分钟作文或者涂鸦式交流的方式来训练学生对知识进行解码：

- 速写时，要求学生在限定时间内给出问题的答案（大概2～10分钟）。
- 速记停止时，学生们迅速写下他们的想法，与搭档交换意见，并与其他同学分享他们的观点。
- 一分钟作文通常在刚开始上课时使用，要求学生思考某个问题。如果你之前刚开始讲解一个新概念，现在想要了解学生记住多少，这个方法特别有用。

- 涂鸦式交流指的是对于某个具体内容给出回应，例如，一句引言，一个问题，或者一个形象等，然后要求学生们以文字、图像或者二者结合的方式收集他们的想法，使之可视化。他们可以口头分享他们的反思或者轮流交换意见，也可以阅读同学们给出的反馈。可以在班级海报栏、白板、纸桌布或者人行道上（使用人行道专用粉笔）涂鸦。

第四章

巩固反馈

有效的反馈，始于对学习目标进行清晰界定和明确传达。

——罗伯特·马扎诺（Robert Marzano）

我记得我在州教育委员会供职时，观摩学前幼儿园班是我的工作职责之一。虽然我在一开始做教师时，就教学前班的孩子，但这已经是很多年前的事情了。这个班的老师是基纳夫人，她正在和孩子们玩一个很常见的“冷热”游戏，我记得自己小时候也玩过。游戏规则是指定某个孩子（“它”）离开一会儿，而其他孩子则趁机选定另一个物品作为目标。离开的孩子（“它”）回来时，大家齐声唱歌。如果歌声足够响亮，“它”会“发热”，进而靠近选定的目标；如果歌声不够响亮，“它”会“发冷”，进而远离该目标，去寻找大家选定的那个目标。

看到这种情况，我开始思考玩“冷热”游戏的意义。我相信孩子们什么时候大声唱歌，什么时候小声唱歌，完全是自己说了算的，当他们想给“它”提出或提供选定目标对象的暗示时，就不得不学会自控。我觉得特别有意思的是歌声给“它”提供的反馈，该反馈信息持续不断地进行，使每个孩子在搜寻目标时都不会感到气馁。通过利用这种不间断的信息反馈，每个孩子都可以成功地找到选定的目标。

我第二次去参观的时候，学生们在玩游戏时，情况发生了有趣的变化。一个幼儿园班的孩子走进教室内，递给基纳夫人一张纸条，他是基纳夫人去年教过的学生，曾经玩过这个游戏。

“我也想和你们一起玩游戏，”这个孩子说，“如果我‘发热或发冷’了

了，但是存在着一个问题：当孩子们挑选

这个男孩并不在场。因此，不管他有多

可能是什么，这使得他十分沮丧，他还

退出了游戏。男孩离开教室后，基纳夫

那个男孩为什么找不到目标，她还举例

确知道目标是什么。

明确的教学目的与教学目标鼓励学

通过重编信息，掌握了概念性知识和

给教师提供反馈了。简而言之，我

“他们明白了吗？”如果没有的话，

思考如何引导他们理解。

反馈

绩或他们为此付出的努力而给

予 育研究室（Northwest Regional

Ed 反馈可以鼓励学生，加深他

们对 道他们的认知和理解是否正

确，如果必要的话，教师还可以重塑学生的认知和理解，或重新授课。教师也可使用反馈，在学生的概念性知识转化为长时记忆之前，纠正学生对该知识的误解。

教师也需要了解学生是否已掌握了所学知识，如果答案是肯定的，教师就要帮助他们对知识进行强化，并将其转化为永久记忆，此时，还不到给学生考试打分的时候，因为这只是学习的开始。巩固知识为将知识转变为记忆储存进行了必要的过渡，换句话说，知识变为长期记忆的时候必须是近乎“完美”的。

教师讲解完后，帮助学生巩固已学知识，是否有助于提高学生成绩？定期给学生反馈，帮助学生巩固已学知识，是可以提高学生的成绩的。教师应该根据教学目标进行巩固反馈，比如可以使用同伴评价的方法给学生提供反馈；进行计算机辅助教学活动，以提供有关学生学习成绩的即时反馈；布置需要即时纠错并及时发回的作业——在课堂上由学生发回或稍后由教师发回；也可以训练学生如何互相提供反馈和共同巩固所学知识等（NWREL，2002）。

要点提示：对知识进行巩固时，还不到给学生打分的时候。这只是学习的开始。

反馈如果能够“有益于未来”（Moss & Brookhart，2009，pp.44–59），如果9“学习者能够借助反馈使自己的表现得以改善”（2015），这就是有效的反馈。范·德·克莱加等（Van der Kleij，Feskens，and

Eggen，2015）研究发现，详细的反馈——关注学生如何思考，而非只是关注他们给出的答案是否正确——比起简单地给出正确答案，更能提高学习成绩。给出解释，也比简单地说明答案是否正确（或者提供正确答案）更为有效。这样的研究成果主要应用于高层级的学习。

要点提示：失败可以增加大脑的髓磷脂能量，使得大脑得以进一步发展。

——丹尼尔·科伊尔（Daniel Coyle）

哈蒂（Hattie，2012）认为，“要想提供有效的反馈，教师就必须清楚说明课程或活动的目标是什么，并确保学生理解如何反馈，并且能够从学生那里征求对于教师教学有效性的反馈。反馈的目标在于缩小学生现阶段和达成目标之间的差距。教师也需要了解课程伊始，学生的状态，并清楚说明达成目标意味着什么”。

反馈的类型

反馈有多种不同的类型和渠道来源。学生可以从教师和同学，甚至是他们自己那里获得反馈。分数是反馈的一种形式，但是在对知识进行记忆的过程中，不适合给学生打分，因为学生尚未准备好进行测试，而且，此时给学生布置作业也为时过早，但是教师可以给予学生评价。如里克·斯蒂金斯（2017）所言，“在对于学习情况进行的形成性评估过程中，过于纠结成绩和各种测试的分数是没有作用的。相反，教师需要持续给学生提供描述性的反馈，告诉他们目前他们的表现怎么样，以及如何在下次有更好的表现”（p.79）。

查普斯和斯迪金斯等（Chappuis，Stiggins，Chappuis & Anter，2011）提出了两种评价方式：学习性评价和为学习而作的评价。为学习而作的评价，指教师在教学过程中，持续提供反馈给学生。正如长时记忆形成的每一个步骤都需要反思一样，巩固反馈也很有必要。为了加强学生的记忆，反馈应该有助于激发学生的学习兴趣，使他们更加专注于学习，并允许对学习方法及时做出调整。希格比（Higbee，1996）的研究指出，当一年级学生学习某种知识练习策略来帮助他们记忆所学内容时，只有那些通过教师反馈了解此方法如何有效的学生才会继续使用它。

要点提示：此时给学生布置作业为时尚早，但是可以给出评价。

美国国家教育协会（2003）指出，在以下几种情况下学生的学习成绩能获得最大限度的提高：教师提高课堂评价的准确度，时常给学生提供反馈（而不是偶尔提供，或只是给出结论性反馈），鼓励学生积极参与课堂评价、记笔记和多参与沟通交流等。

斯特朗（Stronge，2007）对高效能教师给学生的持续性评价和反馈进行了研究，他认为高效能教师具备以下特征：

- 使用预评估方式，促进目标教学技能。
- 将教学目标设计为问题导向型，以便实行有效的监督策略。
- 全面考虑学生对知识产生可能存在的误解，并督促学生自己发现错误的理解。
- 在教师教学或学生学习的过程中，给予学生清晰的、具体的和及时的反馈。
- 以支持性和鼓励性的态度给予学生反馈。
- 对学生尚未掌握的内容，再次进行讲解。

要点提示：好的练习方法加上有效的反馈会卓有成效。

康乃伦（Connellan，2003）提到了三种反馈：帮助学生改进其学习的动机性反馈、帮助学生了解其学习进步的信息性反馈和帮助成绩差的学生的发展性反馈。每种反馈都可以促进教师的课堂教学，帮助学生巩固知识，所以，教师应该重视不同形式的反馈，并尽可能使用这些反馈方法。

要点提示：反馈能不断给学生强化学习的动力。

动机与大脑

一直以来，人们认为动机与神经递质——多巴胺的释放有关。这一化学物质有几大功用，一是通过在前额叶释放，帮助学生集中注意力；二是大脑奖励系统的功用。有人认为，当人们取得某项成就时，大脑就会释放多巴胺（Hamid et al., 2016），也有些学者不认同这个观点（参考Panskepp & Biven，2012）。其他的研究则表明，大脑将释放多巴胺作为一项发现机制（Gregory & Kaufeldt，2015），来开始执行一项新任务。

早期在我和埃里克·詹森合作的研讨会上，他讲述了下述的情形，来解释多巴胺的作用。假设你送给孩子们去迪士尼乐园的机票作为圣诞节礼物，孩子们会表现出明显的兴奋感，随着日子临近，他们满脑子想的都是迪士尼乐园，从他们拿到机票的那一刻，到最后抵达目的地，多巴胺便填充了他们的大脑和全身。此刻，多巴胺依然使你们一家保持高度兴奋：当你们一家登机、在奥兰多着陆、下飞机、直到驱车前往神奇王国。但当步行进入迪士尼乐园时，却发现没有他们想象的那么兴奋了。他们的目标已经达成了，现在，这一神奇的多巴胺魔法也该消退了。

多巴胺就是这种神奇的化学物质，它让你想要“冲啊，看啊，跑啊，去做啊”！为了学习的目的，它有助于学生重新理解所学的内容。如果多巴胺驱使我们向目标奋斗却在实现目标时消退，我们就必须帮助学生也同时释放其他的化学物质来取代它。教师提供的反馈似乎可以触及大脑的骄傲区或权力区，并使大脑释放血清素和脑内啡，这些化学物质使得学生感觉良好，并愿意再次尝试。西奈克（Sinek，2014）是这样认为的："我们获得的尊重和认同感越多，在团体中的地位越高，我们就会有越多的动力来给予所在的团体。"（p.59）这有利于寻找到下一个目标，并为之努力，促进多巴胺的释放，开启新一轮的循环。

动机状态

詹森（Jensen，2013）将思维框架称为动机状态。任何态度、信念、情绪和感受的结合都会随时间改变，课堂的主导者应该意识到这些改变，必要的话，使之变得对学习更有利。

很多学生每天到教室后的状态都是一成不变的。乐天派的同学通常更加高亢，乐于接受新事物，易怒的学生则常常愁眉不展，冷漠的学生则总是一副无聊透顶的样子。乐天派的同学处在正确的思维模式下，但是易怒的和冷漠的学生如果想要在学习上取得成就的话，就需要做出一些改变。我们希望学生们呈现出来的状态有：期待、好奇、激情及悬念。

教师改变学生动机状态的最快速的方法是，做出一点突如其来的生理上的改变。例如，如果有学生此刻表现得毫无兴趣又困意浓浓，你可以让他身体动一动，如："贾马尔，我需要你马上帮我把这些材料送到隔壁去。你回来时，可以帮我发放下昨天的过关卡吗？我们还有很多要做的！"当学生们站起来动一动的时候，大脑就会释放多巴胺、肾上腺素以及少量的皮质醇；当他在做你交代的任务时，务必准备好让他完成任务的赞语，因为多巴胺会消退的。向全班同学表示对这位同学的感谢，有利于促进血清素的释放，“同学们，今天多亏了贾马尔帮忙，我们才能准备好上课。如果没有他今天早上的帮忙，我们是达不成目标的。我们都向贾马尔表示下感谢吧！”在这种情况下，多巴胺和血清素的释放会促使学生学习新内容，与同学们积极互动，甚至还想更多地为同学们服务！

要点提示：你所使用的反馈的类型，以及反馈的时机和方法，都可以改变学生的动机状态。

在重编信息过程中，立刻给出反馈是更可取的做法。因为反馈对于教师了解学生是否已经准备好学习新知识至关重要，如果延迟给出反馈的话，可能会阻碍学生形成长时记忆。互动性反馈有利于帮助学生更加全面地理解他们所学的内容。书面反馈对于形成性测试更为重要一些，对于总结性测试，则意义不大，因为学生如果已经获得了一个确定的分数，他们就不会太过关心一起发放的书面反馈。而形成性测试的反馈则使得学生们有机会做出改变并能够自主掌控学习进度。

要点提示：反馈应该成为教师和学生间学习的插曲。

——苏珊·布洛克哈特（Susan Brookhart）

动机性反馈

动机性反馈有三种：积极性反馈、消极性反馈和康乃伦（Connellan，2003）说的“无效反馈”。积极性反馈可以促进学生有好的正确的行为表现，消极性反馈指教师指出学生的错误的不当的行为，无效反馈指该反馈信息对学生没有一点促进作用，教师给予反馈等于没给。戈尔曼（Goleman，1998）提到了一个反馈研究的结果表明，那些没有获得任何反馈的学生，和那些被批评的学生一样失去了自信。

教师应尽可能提供积极性的动机性反馈，以便鼓励学生，帮助学生尽力而为并做到最好。在积极性反馈带来的良性循环中，“有益”的化学物质，如肾上腺素、去甲肾上腺素和血清素都得到释放。而消极性反馈或者无效反馈，则使学生释放过多的压力荷尔蒙——皮质醇，并与其他的神经递质共同作用，干扰了学生的思考过程，阻碍了学生形成工作记忆（Sandi，2013）。

要点提示：动机性反馈有三种类型：积极性反馈、消极性反馈和没有反馈（无效反馈）。

积极性反馈

积极性反馈是一种强化，可以促进学生将他们正在做的事情继续下去。康乃伦（Connellan，2003）认为积极性反馈有以下五个原则：

1. 即时巩固。即时反馈并不需要即时发生。也就是说，有时它可能需要教师花一点时间检查学生已经重编了的知识，毕竟，教师提供反馈是为学生将来的继续学习打下基础。教师也可以发挥一下触觉的作用，轻拍一下学生的背部，对一些学生也许会发挥神奇的作用。

2. 巩固每一处改进，而不仅仅是巩固好的方面。在快节奏的教育环境里，教师很容易忽略学生对知识形成理解的起步阶段。教师已经习惯了按部就班地制定学生需要达到的最低标准，并在此过程中探索和寻求卓越。而事实是，有些学生在努力解码信息时只能做到蜻蜓点水，为了帮助学生把知识转化为长时记忆，教师应该一点点地教给他们知识。教师发现学生取得的任何进步都应该及时反馈给学生。

3. 巩固反馈要具体。教师通常会笼统地给予一些学生积极性的评语，如“你的描述很生动”或“很有意思的比较”。在指出学生的错误时，教师可以给出具体的信息反馈。教师可以从大方向给予学生积极性评价，然后再具体指出学生的不足之处，例如，教师可以说“你用组织图来解释概念，这非常好，但韦恩图不能这样用。你不能把对比的信息放在中间，你在线外重复写了两次共同点，这样做浪费了图表的空间。”教师可以使用下面这个更好的方法：“我知道你确实很努力地学习这个概念，让我看看你写了什么内容，你的思维导图还需要修改，你需要引用更多的证据来证明第一要点。你在第二和第三个要点上使用的符号很有意思，可以在这里添加几个关键词和词组，最后一点写得最好。看来你对这部分内容掌握得不错。”

4. 继续巩固积极的行为。包括使用新型的组织图、新奇的信息重编方式或提高各项技能。

5. 周期性巩固好习惯。一旦某种好的行为变成习惯，学生们就可以自主加以巩固了，教师就可以后退一点点，减少巩固的次数了。

要点提示：学生在努力进行信息重编的时候可能只是蜻蜓点水，所以教师应该对发现学生所取得的任何进步都及时、积极地反馈给学生。

要点提示：哪怕学生只是进步了一点点，教师也应及时给出积极性反馈。

消极性反馈

考尔波特和拿普（Collbert，Knapp，2000）建议教师采取以下六个步骤来指出学生需要改正的行为。

1. 集中在评价本身。

2. 指出学习的目标是什么。

3. 让学生清楚自己的责任。

4. 和学生交流具体细节。

5. 和学生一起探讨新的行动计划。

6. 对正确结论给予肯定。

以下是实施上述步骤的范例：

玲夫人要求学生课堂上画韦恩图来对比美国内战时期的将军们的特征的异同。她在教室里来回走动，仔细检查学生画的韦恩图。走到卡门的桌旁，她看到卡门将她的信息重编成了一段话。

玲夫人问："卡门，你打算将这段话制作成组织结构图吗？"（步骤1）

"我喜欢用句子写。"卡门回答。

"这节课我们要学习如何画韦恩图，比如在图表圆圈的重叠区域表明共性，在圈外表明差异性（步骤2）。看看最上面的那个，你要做的事就是向我表明你能够正确地使用韦恩图（步骤3）。你知道在图表里要写下将军们的相同之处和不同之处吗（步骤4）？你可以在这个段落下面画出图表（步骤5）。对了，从段落里找出相关信息填在图表里，我等会儿再回来检查（步骤6）。"

另一种选择就是运用苏格拉底式对话。苏格拉底式对话有几个类别的问题：阐述性问题、提问性问题、假设探究、原因和证据探究、原始或源头问题、含义与结果探究和观点问题。我从保罗（1993）那儿引用了上述问题的样式（如表4.1所示）。

苏格拉底式问题让我们引导学生自己实现正确的学习目标。这些问题有助于学生专心学习以掌握概念性知识。教师和学生还可以互相提问，这样有助于师生随意地参与提问，以获得良好的教学效果。苏格拉底式对话有助于学生充分地拓展理解问题的深度和广度。我在20世纪80年代开始使用此方法。虽然一开始实施该方法有一定的难度，但是我一直坚持在教学中使用，而学生们很快也表现出感激之情。

下面展示了在课堂上有效地使用苏格拉底式对话的情节：

学生们刚刚完成了他们对雪利·杰克逊（Shirley Jackson）的小

表4.1 苏格拉底式问题，节选于理查德·保罗的著作（1993）

问题类型	问题样式
阐述性问题	• 你说的________是什么意思呢? • 你的主要观点是什么? • ________和________之间有什么关系? • 你能换个说法吗? • 你能给我举个例子吗?
提问性问题	• 我们怎么才能查明真相? • 你明白了这个问题吗? • 这个问题为什么那么重要? • 我们在回答这个问题前首先要回答什么?
假设探究	• 你做了什么假设? • 我们能做其他的假设吗? • 为什么有人做了这个假设?
原因和证据探究	• 例证是什么? • 你怎么知道? • 什么使你这么认为? • 什么使你改变了主意? • 那件事为什么适用这个情况?
原始或源头问题	• 你从哪里想到这一点? • 你总是这么想的吗? • 还有什么结果? • 替代方案是什么?
含义与结果探究	• 如果这是真的，还有什么也是真的? • 影响是什么?
观点问题	• 其他组是怎么回答的? • 你为什么选择这个观点? • 那个持有不同意见的人说了什么?

说《彩票》的知识重编过程。到目前为止，这个单元的教学包括以下的步骤：

了解并教导学生：

当学生们在上课的第一天走进教室时，布朗小姐正在折叠一些小纸条，折好后把它们放在盒子里。当学生们都坐好后，她开始说话了。

“同学们，我已经给你们都订了去看戏剧的票。这个剧就是根据小说《彩票》改编的，”她继续说，“不巧的是，班上共有27位同学，我预订了包括我自己在内的28张票，但是剧院只给我寄了27张票，我打电话过去询问缘由，他们说票已经全部卖完了。所以，为了公平起见，我在盒子里放了27张空白纸条和一张写有X的纸条。我们等会儿可以轮流从盒子里抽一张，抽到写有X纸条的同学就不能和大家一起去看戏了，只能去上另一节英语课。”学生们对这种方式感到很好奇。每一个人都从盒子里抽一张，在所有人抽完之前，保证纸条是折叠的，然后一起同时打开。

约翰抽到了写有X的纸条。打开自己的纸条，有些学生在窃喜，很多人则松了一口气。自始至终，没有人质疑老师让大家抽签的权威性，但是约翰说这样对他并不公平，因为他是个好学生，不该被这么对待。“那些不努力学习的学生才应该留在教室里上课。”他抱怨道。

反思知识：在揭露了事实上总共有28张票之后，老师对学生进行了分组，并进行四角思考。她在每一个角落，都贴了以下的其中一个问题：

1. 你对这个抽签事件有什么看法？

2. 抽签时怎样做才能保证公平呢?

3. 你的同学如何影响你的决定?

4. 你们为什么会愿意让一个人出局?

学生依次在每个角落对每个问题展开讨论，并在张贴的纸上写下他们的意见。

重编信息：接着要求学生阅读课文《彩票》。他们的重编信息作业是举例说明对于传统和惯例不假思索地接受的利弊。

巩固反馈：学生进行小组讨论，互相交换清单，发表不同的意见。布朗小姐在教室里来回走动，给学生们提供反馈。在一张桌旁，杰西和罗伯特激烈地辩论着。

“你真傻，”罗伯特说，“生日派对可不是惯例。”

“那你说的惯例是什么？”布朗小姐问。

“是我们一直在做的事情。”罗伯特回答。

“你能给我举个例子吗？”她询问。

“当然可以，比如说去教堂做礼拜。”

“什么因素使做礼拜成了一种惯例呢？”

“我们都知道，人们去那儿总是重复做同样的事情。在教堂做礼拜的程序完全按照规定程序来。人们唱着同样的圣歌、每个星期天都去教堂，这就是惯例。”罗伯特宣称。

“你怎么看生日派对呢？”

“每次的生日派对都是不同的，我们可以看电影、开派对或不举行任何庆祝活动。”他回答。

“对于杰西的观点，有哪些是你不同意的呢？”她进一步问。

“杰西认为生日派对就是一种惯例，就因为人们每年都庆祝他们出生的那一天，吃蛋糕和冰激凌，收到生日贺卡。”

“罗伯特，你怎么把一年一次的生日派对和去教堂做礼拜联系起来呢？”

他没有立即回答。这时，虽然同组的其他学生举手想回答，老师还是给他时间思考，等着他的答复。

想了一会儿，罗伯特说：“我懂了。一年一次或一周一次，相同的概念在一次次地重演。对了，我想现在我知道什么是惯例了。”

在这个情景里，罗伯特能够得出自己的结论，这得益于苏格拉底式对话技巧的帮助。布朗小姐提供的反馈，不但有助于他改变某些概念的错误理解，而且提供了绝佳的机会，使得正确的信息得以存储在长时记忆里。

没有反馈（无效反馈）

我的儿子乔舒放学回到家后把书包轻轻放在了一边，他的姐姐玛尼在做功课，我在写教案。

“今天在学校过得怎么样？”我停下手头正在打分的工作，抬起头问他。

“哦，你能看见我呀？”乔舒问。

我感到很惊讶，放下笔说：“我当然看得见你呀，你为什么这么问呢？”

“我还以为自己在家是透明的呢。”他回答。

这时，一些有关青少年精神错乱和毒品滥用的想法闪过我的脑海，“这是什么话呢？请你说得清楚一些吧。”我对他说。

“今天上课的时候，老师叫我们交化学作业的提纲，”他说，“格林夫人挨个位子收作业，吉娜和莎拉坐在第一排，她检查了这两个人的作业后，满意地笑着说:‘孩子们，你们做得非常好！’吉娜和莎拉听了都很兴奋。接着她来到贾斯丁和贾森的桌旁，检查他们的提纲。这时，她脸上露出了困惑的表情，她好像是这么说的：‘你们两位，确定知道提纲应该怎么写吗？’他们两个听到这话好尴尬啊！最后格林夫人来到我的桌旁，拿起我的提纲看了看，什么也没说。她脸上面无表情，好像我和丹两人都不存在似的！”

“她对其他学生的作业有什么反应吗？”

“我不清楚，她检查了几个学生的作业，后来下课铃响了，每个学生都得迅速上交作业。”

玛尼插嘴说：“至少她没有对你的作业给予否定的评价。”

“你在开玩笑吗？”乔舒大叫，“否定的评价也比什么都没说要强！”

“好了，我敢肯定她会给你一些反馈意见的。”我说。

“你没明白，妈妈，她的确给了我反馈意见！她用行动表示了，我写不写作业无所谓！”

这次谈话使我思考我平常在课上回应学生的方式，有多少次学生感到自己被忽略？我记得校长曾对我说过：“我的职责是帮助每个学生发挥出最大潜力，这也是你的职责。”格林夫人肯定没有帮助乔舒做到最好，但我猜，她也许和我一样，根本没有意识到自己做了什么。

我儿子在高中碰巧遇到这么一位英语教师，她从不收回发给学生的作业，现在仍是我们调侃的对象。现在我们可能觉得这事很滑稽，但是当年她的学生可不这么认为，当年他们刻苦学习，认真做作业，却从没有得到这位老师的任何反馈意见。我们姑且站在她的角度为她找一些合理的理由吧：她每天要教100～150位学生，太多的作业等着批改，但是她不必每一份作业都批改的。教师给学生布置作业但不批改，这是可以接受的，但是教师得给学生的知识重编完成情况给予反馈。

学生也可以进行自我评价，或者与其他学生相互评价。如果你的学生正在进行初步的知识重编步骤，让他们进行小组合作式学习，将会很及时也很有效。学生们互相交换各自对知识的重编，进而相互讨论，澄清一些概念。这么做也使得教师有时间在教室来回走动，听听每个小组的观点。然后，教师可能想要在学生解码知识阶段就收集一下信息，以便第二天可以进行快速检查，以此来评估授课是否需要添加更多的信息、是否需要重新教授，或者是否可以跳到下个记忆步骤：运用知识。

你可以使用皮尔森和格伦科（Pearon and Gallagher's）的循序渐进的责任（GRR）模板来设计制作反馈。这个模板有四个步骤：

1. 教师完成一项任务时，向学生展示每个步骤。

2. 教师和学生共同完成这项任务。

3. 学生们共同完成这项任务。

4. 每个学生单独完成这项任务。

如表4.2所示的评分标准，对于教给学生如何使用GRR模板对自

表4.2 教师对学生的重编信息提供反馈的评分标准

4分：学生完成信息重编，而且能很好地解释自发生成的信息。
3分：学生完成大部分信息重编，而且能解释自发生成的信息。
2分：学生完成一部分信息重编，但对信息的理解模糊。
1分：学生只完成很少的信息重编，而且还不能理解该题目。

己的任务进行评估，很有帮助。首先，教师可以先使用这个评分标准给学生提供反馈，帮助他们了解如何使用。其次，教师和学生讨论共同评估他们的任务，学生一旦掌握了如何反馈，就可以两两一组相互评估。最后，学生可以进行自评。

要点提示：学生向其他学生提供反馈，自己也从中受益。

要点提示：反馈不是褒奖或批评，也不是认同或不认同。反馈的本意在于——评估价值。以中立的立场，反馈告诉你做过的和没做过的事。

——格兰特·威金斯（Grant Wiggins）

信息性反馈

动机性反馈可以促进学生进步，而信息性反馈为学生提供有助于他们取得进步的视觉表征。康乃伦（Connellan，2003）对信息性反馈提出了三点意见：目标导向，即时性，图表式的。

1. 目标导向。过去，教学目标和学习目的只有教师知晓，学生是无从得知的。现在则大不同了，学生对于学习目标都有很好的了解。如果教师讲解某种强调文章组织架构重要性的写作策略，可以给学生提供一些具有良好的组织架构的文章范本来学习。

2. 即时性。有关巩固反馈研究的元分析（Gotton，2000），认为及时提供反馈对低年龄的学生尤为重要。马扎诺（Marzano，Pickering，and Pollack，2001）认为，最有成效的信息性反馈，应对学生给出的答复中的准确的部分和不准确的部分均给出口头的或书面的阐述。

3. 图表式的。图表、坐标图、图形和简单的象征对于提供信息性反馈都很有帮助。克罗斯兰德和克拉克（Crossland，Claeke，2002）强烈建议教师在给出书面反馈时，务必使用图表和相关象征（见图4.1）。

什么是良好的信息性反馈？德韦克（Dweck，2006）认为，教师应该注重学生对学习所付出的努力，而不是他们的个人能力。如果教师过于强调学生的个人智能，会给学生造成更大的压力。教师的反馈如果注重学生的努力程度和可习得的策略，就会激励学生迎接新的挑战。

在一项研究中，研究者将128名五年级的学生分为不同的小组并对他们进行了简单的智力测试，然后告诉第一组的学生，他们做得很好，肯定很聪明；告诉第二组的学生，他们做得很好，肯定付出了很多的努力。一个小组因为聪明受到了表扬；另一个小组因为付

图4.1 图表给予巩固反馈的例子

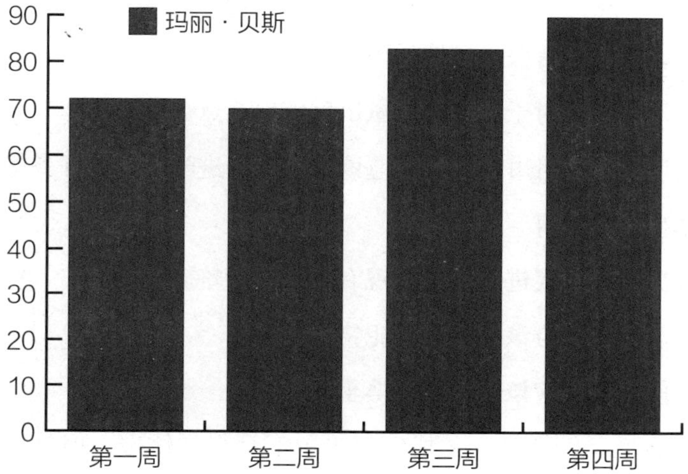

出努力受到了表扬。然后研究人员继续问他们要不要再做一个难度稍大的测试，被表扬聪明的那一组同学犹豫了，而表扬很努力的那一组，90%的同学迫不及待要开始更具挑战性的任务。最后的测试中，因为努力受到表扬的小组成绩远远高于因为聪明受到表扬的小组，很多被表扬"聪明"的孩子最后的表现是最糟糕的。"勤奋用功"的学生认为，他们可以再努力些就可以提高分数了，而认为自己"聪明"的学生们则认为他们不需要付出努力就可以做得很好（Mueller & Dweck，1998）。

多项研究表明，单纯的表扬并不能够促进学生学习（Hattie & Yates，2014）。表扬能够让学生感觉良好，但是建设性的反馈才能够使学生学到知识。有的人甚至认为过度表扬会抑制学习，因为这使得学生过分追求受到表扬，而不是追求学到新知识（Dweck，2006）。

哈蒂和耶茨（Hattie，Yates，2014）基于一项相关研究的元分析，得出了以下几点有关信息性反馈的结论：

- 评估学生对于反馈如何做出反应，这点很重要。
- 反馈应该对事不对人。应该有利于促进学生完成任务，而不是针对学生自己本身。
- 反馈应该促进学生保持现有水平或者略微提高。
- 学习环境应该能够容忍犯错。
- 同伴反馈应该遵循彼此尊重的原则。

信息性反馈在学生的成绩报告单上会得到体现，但是它能给学生提供的信息总是太少或太迟。使用文件夹是另一种反馈方式，可以将课程、教学和对学生的评价等各类信息进行汇总，虽然没有正式的分数，但却包括教师和同学提供的以及学生自己给出的信息性反馈。学习文件夹是非传统的、脑兼容的评价方式。随着时间推移，我们仍可以从中看出学生在每一个阶段所取得的进步。而且，对文件夹中的概念示例进行应用要比传统的测评来得更容易些（Sprenger，1999）。

要点提示：多数家长希望获得信息性反馈。和传统的成绩单不同，用其他的可视化方式提供反馈，或许能够满足他们的期待。

发展性反馈

当反馈能够影响到学生行为表现时，称之为发展性反馈。布鲁克哈特（Brookhart，2017）提醒我们，口头的反馈往往是发展性的，尤其是对于还在学习阅读和写作的低年龄的学生而言。发展性反馈首先包括一个问题陈述和一些提问策略，教师应该确保在学生感到无助之前给他们提供发展性反馈信息。在学习课文《彩票》时，教师可按照下面的方式使用发展性反馈：

教师：塞布丽娜，我看你画出了T形图，但还没有写出有关惯例和传统的例子，你只写下了两者的特征。

塞布丽娜：我不知道该举什么例子，这个故事有点难。

（这时，教师应该尽量帮助学生纠正错误或误解。）

教师：那怎么做才能解决这个问题呢？（我只是简单地询问，不带批判指责的语气。）

塞布丽娜：我觉得我一个例子也想不出来。

教师：好，那我们一起看看你写的有关特征吧。

（塞布丽娜看了一眼图表。）

塞布丽娜：传统就是人们以前做过的，并且世世代代都在做的事情。

教师：你能用另一个词代替它吗？

塞布丽娜：我想不出来。

教师：你出生之前，家里还有什么人？

塞布丽娜：你是说，我父母和祖父母？

教师：是的，他们以前也做你现在做的事吗？

塞布丽娜：没有。

教师：你妈妈曾做过你外婆做过的事吗？

塞布丽娜：妈妈说，圣诞节时在前门悬挂槲寄生草是一种风俗，你得亲吻每个进门的人，那太恶心了。

教师：那么，这个风俗和传统是一样的概念吗？

塞布丽娜：我想是吧。

（现在是教师引导学生对知识加以巩固的时候了。）

教师：习俗是传统的同义词，你能想到其他的一些习俗吗？

塞布丽娜：哦，在我们国家，人们说到“为美国效忠”时要把手放到胸前，我认为这也是一种习俗。

教师：你说得对，我觉得现在你明白了，这是另一个有关习俗的好例子。再想想，看你能否再多举些例子，待会儿我再回来问你。

上述过程由五个步骤组成：

1. 描述问题；

2. 征求解决方案；

3. 考虑可供选择的方案；

4. 注意有建设性的回答；

5. 准备进一步的反馈。

上述情境中的塞布丽娜会觉得很无助，她不太愿意做这个作业，因为她对自己的能力持怀疑的态度。虽然她试图找理由，说是因为这个故事太晦涩难懂，但是老师并没有允许她以此为理由，毕竟，即使塞布丽娜没有读过这个故事，她也可以举出其他有关传统的例子。教师可以用重编信息策略教会学生理解示例这样的概念，告诉学生什么是传统和惯例，以及提高学生区分事物异同的能力。在上述例子中，通过使用巩固反馈策略，教师帮助塞布丽娜进一步理解了相关的概念。

要点提示：提供发展性反馈的关键是进行差异化教学。在这方面不擅长而需要加以巩固的学生，可能对刚开始时教师的讲解有些地方没有搞明白。

反馈结果

大脑需要确保我们是安全和快乐的，生存需求居于所有需求的最前列。反馈，则提供了满足这些需求的机会，当工作记忆对信息进行加工和巩固时，情感体系中的恐惧和愉快的情感也会参与其中。

学生对知识的理解有助于他们实现目标，并因此而获得一种掌控感。脑部的情感区会参与到包括反馈在内的学习情景中（Zull，2002）。许多记忆研究人员都赞成“情感的参与能使记忆更牢固”的观点（Gordon，Berger，2003）。马扎诺（Marzano，1998）举例说，如果教师经常给予学生反馈，学生的学习成绩可以提高29%。

布特（Butler，1987）在完成对学生的测试后，研究了不同类型的反馈对学生的影响。一些学生获得教师的书面反馈，里面包括学生在测试之前就知道的具体目标（发展性反馈），一些学生只获得教师的分数反馈（信息性反馈），还有一些学生获得教师的分数和评语反馈（发展性反馈与信息性反馈结合）。有趣的是，当要求学生再完成两项任务时，那些仅获得书面评语反馈的学生成绩提高得很快，那些仅获得分数反馈的学生做第二个任务的成绩有所下降，但做第三个任务的成绩却有所提高，而获得评语和分数反馈的学生做这两项任务的成绩却都有所下降。

当教师带领学生巩固完所学的知识，并知道他们已经做好准备进行下一步时，教师可以设计合适的练习，引导学生多做巩固练习，以此形成长期的、永久的记忆。

思考

1. 教师应该及时给予学生反馈。泰尔斯顿（Tileston，2004）等教育专家建议教师应该每隔30分钟就给学生一次反馈。检查你使用的反馈策略，你还会使用什么巩固反馈策略?

2. 确保学生知道怎么使用反馈。应该给他们提供一个清晰的目标，并给出建议，帮助他们实现更高的目标。

3. 巩固反馈的信息必须是具体的，因为这个阶段有助于学生正确地理解知识。在开始进入下一个步骤之前，教师应确保在现阶段给学生布置的作业和练习是难度适中的。

4. 布鲁克哈特（Brookhart，2017）建议可以提供给学生范本，对好的作业进行分析。教师可以考虑一下，这是最佳方法。当学生们在寻找范本时，教师是否有给学生提供过机会，了解不同的范本样式呢?

第五章

运用知识

对新知识加工越充分，记忆知识越牢固。

——拉里·斯夸尔，埃里克·肯德尔

（Larry Squire，Eric Kandel）

快速穿过走廊，我来到了八年级教室门外——这时他们正在上历史课。我要向这位历史老师借一个地球仪，在我的学生完成日记写作之后用。这位老师正在给她的学生画一个KWL图表，所以我只能站在门外等，顺便观察一下这些学生，碰巧我上学期刚好教过他们。

“大家知道什么是民主吗？”这时，老师先提问学生，“请同学们就你所知道的和你认为自己知道的，一起头脑风暴一下，然后在课本上以K开头的那一栏里写下自己的答案。”然后她留了一点时间给学生去思考这个问题。

班上一片寂静。老师扫了一眼挂钟，等了整整10秒钟，班上还是没有学生回应。

老师只好又重复了一遍问题：“是不是大家完全不了解何为民主啊？我们该如何给民主下定义呢？是否有人能够告诉我，何为民主呢？”

这时，班里还是一篇寂静。

对学生的这种表现，我实在看不下去了！上个学期我已经教过这班学生，也给他们讲解过民主体系了。我的脑海里不断冒出这些疑问："人民！不就是人民监督政府吗？！不记得了？难道你们没有听过我的课吗？难道你们没有参加或者没有通过有关民主知识的测试吗？你们到底是怎么了？"然后我又反思了自己的教学，"或者是我这个老师教得不好？"

不愿再想了，此时，我径直走进了教室，向这位老师提出借地球仪的请求，但愿我的出现不会使得这位老师越发认为我这个前任教师不称职。就在我向她走过去的时候，我发现有些学生一直盯着我看，当我走到那位老师的桌子旁停下来借地球仪时，他们还是目不转睛地盯着我。突然，那些一直盯着我的学生举起手来要求回答问题，有一个学生忍不住喊了出来："噢！我记起来有关民主的知识了！我们去年在斯普伦格太太的课上已经学过了！"

老师大都会有类似的经历：在新学年刚开始，老师一般会认为学生已经学习并掌握了某些学科的知识，因为老师都了解教学大纲的安排。在大多数情况下，的确，学生学习过这些学科课程，经过复习，他们是可以从长时记忆里提取出所学的知识的。刚才我走进同事的教室时，很多学生在看我的同时，也在努力地回想在我课上所学过的与民主有关的知识。这些学习经历是通过情境记忆存储的，尚未转化为语义记忆，因为一旦形成语义记忆，即使我不出现，他们也能回想起课上所学过的东西。而上述情境中，我正是引发他们回忆的一个媒介。

在这个以应试为导向的教育领域里，或许学生会在考试中取得好成绩，但考试过后，他们很快就会忘记所学过的知识。事实是，你不会忘记自己从未真正学过的知识。在以上的例子中，我以前的学生们仅仅依靠某个线索——（我闯入课堂）就能回忆起所学过的知识。要随时随地地提取所需知识，且不依靠任何线索，我们就必须把知识储存在大脑的各个区域里。对于有些学生而言，这种记忆的转化是需要很长时间的（Van Blerkom，2011）。

本章将会讨论知识的运用，正是这一步骤提高了大脑长时记忆知识的储存量。许多变量会影响信息接收和转化的准备过程。只要教师让学生反思他们所学过的知识，他们就可以对知识进行运用，不管是用自己的话口头重复，还是在头脑中演练，他们对知识的思考会促使他们这样做。

本章将会探讨以下内容的重要性：机械识记（死记硬背）和意义识记、多种记忆途径、家庭作业与知识练习、睡眠对于记忆的重要性。在知识运用阶段，将引进高阶思维模式。温林斯基（Wenglinsky，2002）提出，学习数学时依循高阶思维，以及科学课上侧重动手能力的学生，学业成绩远胜于他们的同龄人。由此表明，信息重编阶段采用科学的策略，将会有助于学生记忆并改善他们的学业成就。

什么是运用知识

学生格伦让我非常头痛。音乐对于他而言胜过世上的一切，他老是喜欢不停地使用课桌或者他的书本打节拍。虽然他才11岁，但他对于歌词的记忆量是惊人的。

星期二早上，我们快要讲解完数学、进入科学课程学习时，我想起来最近学习了一些新单词，于是我想让学生们使用某些视觉上的或别的助记手段来记忆这些新单词。就在我还没想好该用哪种方法时，我再一次被格伦的拍子声打断了，我看见他一边有节奏地叩击课桌打拍子，一边口中念念有词，像是说唱歌词似的。其他的学生也都在看着他，有的学生则跟着他的节拍有节奏地点头，有些女生看到格伦就像看到了一个饶舌明星。面对这帮五年级的学生，我突然醒悟了："他们需要偶像团体！"

"格伦，你在干什么？"

"我在练习呢！斯普伦格太太。"他回答。

"但是今天的课不是为了让你排练参加摇滚音乐会的，我们有很重要的单词要好好学习呢！"

"我就是在学习单词呀，"他为自己辩护，"我按照单词的音节来打拍子，这样有助于记忆呀。"说完他继续打着他的拍子。看来这个方法的确不错，有好些学生也都想尝试一下，他们认为这是他们所听过的最有效的助记方法了。

你肯定在电视上也看到过类似的助记方法：在广告片段中，一位年轻男子驾车在路上行驶着，头随着拍子摇摇晃晃的，嘴里也念念有词。大多数年轻女子看到这种情形，都会被他酷炫的外表所迷惑。这个男子就这样一直开着车，直到镜头转到车里面，观众能够听清他所唱的，原本以为是一首"歌"，而事实是，原来他不断重复带有强烈的节奏的居然是——他的日用品购物清单。

进入即时记忆的信息必须及时进行加工处理，否则它将很快消失。知识的运用，即大脑的识记可以分为两种：机械识记和意义识记，机械识记适用于事实性信息，因为这些知识会以相同的形式被反复使用（Sausa，2017），如历史事实、各州的名称及州政府所在地名称、历届总统的顺序名单等，这些事件资料和数据都是可以机械识记的知识。意义识记更适用于语义知识，因为知识的使用是一个创造意义的过程，一旦被赋予意义，便会更易于记忆。

马扎诺等人（Marzano，Pickering，Pollack，2001）的一份报告表明：一种技能的习得如果要达到80%的娴熟程度，至少需要反复练习24次。《学习定律》（Anderson，2000）一书阐述了学习到的知识能够被准确无误地记住所需的时间，也表明了多次重复记忆，有助于对知识更准确地加以记忆。随着记忆次数的增加，提取记忆所需的时间就会缩短。

著名学者霍华德·艾勤包姆和迪克森（Eichenbaum，Dickerson，2010）提出，语义记忆是产生自情境记忆的，因为生活就是由一系列情境组成的，当我们试图从每个生活情境中提取信息时，这些信息会成为记忆并储存在大脑中。大脑反复从经验中提取相同的信息时，这些信息就成了语义记忆。这点可以通过我们对狗的属性的了解作为例证来理解，我们知道狗会摆尾，那是因为我们已经遇到过不止一次这样的情景；我们知道狗会吠叫，那是因为我们听过不止一次，所以也会将这一特征与狗联系起来。我们或许会忘了遇见这些情景的确切时间和地点，但是因为这个情境经常发生，我们就自然记住了动物的显著特征。鉴于此，为学生创造多种学习情景，是将新知识转化为意义识记的重要手段。当学生再次置身于过去的学习经验的情景时，他们就能激活大脑的神经元网络，并从过去的记忆中提取新的知识。当记忆在大脑中进行整合时，记忆还是会受到外界的干扰，而且只能以当时存储记忆的途径得以提取，但是最终，信息就可自动提取，而无须特定的线索或提示。

要点提示：记忆必须以多种方式加以运用，才能储存到大脑中的多个区域。

为什么运用知识

运用知识指的是学习者本人为了实现良好的实验效果和提高成绩，而反复进行背诵或重复，学生必须对所学到的新知识加以运用。为了让学生们明白这个观点：不管是抽象的概念还是具体的技能，都是需要反复练习的，我开展了以下活动。这个活动需要一个比较宽敞的场地，图书馆、食堂或体育馆都是不错的地点，如果天气晴朗，还可以把学生带到室外进行活动。首先，我会把班上的学生分成两组，让他们散开，然后给各组站在最前面的那位学生一个沙滩球，拿着球的学生就是“发球者”，而每组站在最后的那位同学就是“接球者”。游戏规则很简单：把球最终传到“接球者”手上，但是在这个过程中，学生脚不能挪动，沙滩球也不许落地，因为沙滩球非常轻，学生无法把球直接扔到“接球者”手上，因此，这两组学生必须思考如何才能做到这一点。通过不断的尝试，犯错了再调整，学生确定了以怎样的方式传给下一位，以及怎样同心协力把球最终传到“接球者”手里。

两组任务都完成后，我看了一下表，对他们说：“虽然两组同学都能完成任务，但是你们花了很长时间，我们再试一次吧！”因为两组间存在着这种微妙的竞赛关系，加上时间一分一秒地过去，学生尽力以更快的速度把球传下去。有时他们会减少中途截球的次数；有时候在传球的过程中，球会失控，掉在地上，他们就必须从头再来。最终，两组同学都能以最快的速度把球传给“接球者”。这时候，两组同学都觉得他们总算成功做到了。

接下来，我和学生们一起讨论了一下这个活动的意义。这个游戏需要学生们通力合作，找到最佳方案，但是，学生是否真的从游戏中有所收获呢？要把这个学习的过程变成长时记忆，学生必须不断地反复练习既定的流程，这样等到明天或者下周再次集合做这个游戏的时候，学生都能记起他们各自的位置和传球的顺序，反复的训练可以促使大脑建立知识网络。

马扎诺等人（Marzano，Pickering，Pollack，2001）引用了一些结合练习实践的教学研究，结果表明：反复实践的学生和缺乏实践的学生相比，前者的考试成绩要比后者高出20%～44%。这个研究结果意义重大，因为长时记忆是由神经元构成的知识网络完成了，知识经反复使用，在大脑里建立起特别深刻的接触点。为此，学生必须通过不断地运用知识才能在大脑里形成知识的有效网络（Schenck，2011）。俗话说，“教学生的最终目的不是直到他们搞懂为止，而是直到他们不会犯错为止！”当学生知道问题的答案时，通常可以不用再反复练习了。但是教师可以继续鼓励学生用更多样的方式学习，并学会在各种情境下形成新的知识间的联系，并提取知识（有的学生会遭受文本焦虑，这使得学生提取知识时受到干扰，这时候，反复练习对他们尤为有益，因为这使得知识得以非常牢固地存储在长时记忆中，学生便不会再轻易受到同样问题的干扰了）。

要点提示：必须通过反复的练习，知识才能在大脑里形成长时记忆。

什么样的知识需要运用

任何知识，不管是事实性知识、概念性知识，还是程序性知识，凡是有利于学生达成目标的知识，都必须经过实践。一切教学活动，包括教学目的、教学标准及准则、学生的表现，都是基于学生对所学知识的长时记忆进行的。课堂测验以及标准考试中所涉及的内容，都需要加以练习和运用。

如前所述，事实性知识和程序性知识都可以通过机械识记来习得，例如，我们通过反复练习骑自行车来掌握骑自行车这项技能，这是一种熟能生巧的过程。

如何运用知识

运用知识，包括课后作业、反复练习、游戏活动以及实践学习等，这些途径都可以帮助学生把所学过的知识以不同的方式储存在大脑里。麦蒂娜（Medina，2014）认为，“反复练习必须要循序渐进，而不是临阵磨枪”（p.150），这样会使得记忆更加鲜活。因为记忆要花很长的时间才能形成，才能应对各种干扰，所以，学生应该反复学习知识以便能够记起。他们越是多加练习，便越能记住更多的细节。

知识运用的过程会涉及重编信息的许多策略。例如，在第三章介绍过的一个学习方法，找出学科知识的异同会提高学生的成绩25%～45%（Dean et. al., 2012）。归类和区分的过程就是学生自觉理解知识、形成记忆的过程。

下面将会介绍多种为学生提供学习场景的方法，场景的设立是为了在不同情况下寻找异同点。如果你们有个固定教室，可以在不同学科中使用这些策略。如下所示：

- 文学课：一个关于两个朋友之间相互竞争的故事。让学生画一个韦恩图表，把两者的相似点和不同点找出来。
- 社会科学：让学生比较两位社区工作者各自的责任职责。
- 数学课：让学生用不同的策略解决问题，并分析他们使用策略的有效性。
- 音乐课：讨论两首类似的歌曲所蕴含的信息或各自的旋律。
- 艺术课：比较艺术的表现形式和传播方式。
- 其他：
    - 对城市和乡村进行比较。
    - 对这些既相似又相异的事物进行比较和归类。
    - 创作一个滑稽短剧，并在班上表演，着重刻画两位运动员的不同点和相似点。

◆ 学生描述他们生命中的两个重要人物，叙述两者的相似之处以及两者各自为他们所做的事情。

何时才能足够地运用知识

上述活动应该在反思时间之前进行，并且活动结束后，也应该有后续的反思和巩固复习。活动可能要进行数周的时间，有些可以在上课时完成，有些可以布置为家庭作业。在每次活动间隙，学生都有时间思考所学的知识，这有利于形成记忆存储（Diekelmann & Born，2010；Mateika，Millrood & Mitru，2002）。

如果我们能够得以瞥见学生大脑的活动，就会发现大脑正在建立某些网络（见图5.1）。

要点提示：各种不同类型的练习有助于大脑形成稳定的长时记忆。

知识运用与睡眠休息

教师对于学生实际所需要的睡眠时间的话题都非常感兴趣。在参加研讨会时，当问到他们是否有学生被剥夺了睡眠时间的时候，几乎所有人都举起了手。到底睡眠和学习之间有什么联系呢？

许多记忆研究学者都认同，大脑在睡眠过程中对记忆进行编码

图5.1 大脑知识网络——比较归类学习策略在各学科中的应用

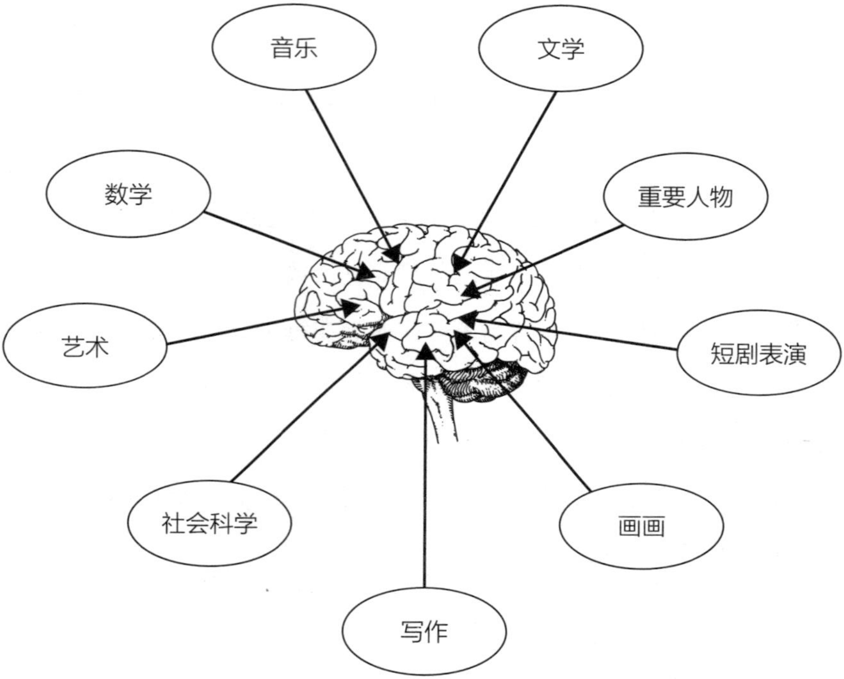

（Mazza et al., 2016）。斯第高特和沃克（Stickgold and Walker，2013）的研究发现，经过一段时间的学习之后，只有6个小时睡眠时间的学生，比起睡足8个小时的学生，能够记住的知识要少得多。大脑在学习过程中形成的神经元细胞网络，会在睡眠中再次连接。

我们都会有考试之前临时抱佛脚的经验。通宵达旦复习笔记，早起再复习一遍，临考前再多看一遍。很多人通过这样高强度的复习，能够在工作记忆中存储足够的知识，用以应对考试，但是，众所周知，考试一结束，临考前刚复习过的内容就会马上忘掉。这是因为知识尚未形成长时记忆——学生缺乏足够的睡眠，大脑尚未形成强化记忆的神经元网络，研究表明：削减睡眠时间会降低大脑储存新知识的能力，也会影响注意力、情绪、推理能力和学习数学知识（Medina，2014）。

要点提示：临时抱佛脚，只会加速知识的遗忘，而非记忆。

家庭作业与练习实践

家庭作业是对已学过的内容，花时间进行练习。教师讲解了某个新技能或新概念之后，学生学到的知识会存储在工作记忆里，而这是一个比较脆弱的存储库，等到下课，学生们纷纷离开教室时，存储在工作记忆中的知识，很多都消失不见了。如果学生还没有形成稳固的知识网络，我们如何指望学生能把学习内容拿回家做练习呢？答案是否定的。沃姆利（Wormeli，2014）认为，“如果教师在讲解某个概念之前先布置了家庭作业，这是弊大于利的。如果学生从错误练习中学习，以后就很难纠正了。”

在将知识转化为长时记忆的七个步骤进行到这一步时，学生目前已经学到了新知识（接触并了解学生）；对知识加以反思和联想（反思知识）；通过相关书面形式证明他们的理解程度（信息重编），和从学习内容中获得反馈（巩固练习）。我们在进行第五个步骤——知识运用时，不能简单地重复已经学过的内容，而是应该补充新知识，使之更加有意义，使得学习更加深入。

斯特朗（Stronge，2007）认为，作业的质量，而非数量，是衡量作业有效性的关键。她同时也指出，上课时给出作业的分数并进行讨论是最有效的方法。在《教学的艺术与方法（第一版）》（2007）一书中，罗伯特·马扎诺引用了一项研究表明，作业对于低年级的学生来说，一般不如对高年级学生有效，而且这种有效性会随着年级的增加而递增：对于四年级到六年级的学生递增6%，对于七年级到九年级的学生递增12%，对于十到十二年级的学生则递增24%。马扎诺研究中心（Marzano Center，2013）建议，每个年级增加十分钟的作业时间；该中心还建议，所有的作业都应该与相关单元的学习目标直接相关，作业应该很简单明了，帮助学生理解他们所学习的和家庭作业之间的相关性。

马扎诺在《教学的新艺术和新方法》（*The New Art and Science of Teaching*）一书中，特别关注了有目的性的作业。人们通常认为教师就应该布置作业，或者他们会习惯性地布置作业，在这样的情况下，作业与当下的学习目标和学习内容没有任何相关性。马扎诺清晰地表明，家庭作业只在必要情况下给出。他建议在以下情况下考虑布置家庭作业：

1. 作为预习之用：选取能够为即将要学习的内容提供相关知识的材料。可以读一小段文章或者看一小段视频。

2. 加深知识性：将现有的学习内容与其他内容进行对比。

3. 训练某种技能：在学习了某种技能后，提高其速度、准确性等。

4. 分享给父母：父母听学生朗读，提出问题，听学生进行口头概述，或者与学生共同致力于提高速度和准确性。

请记住，家庭作业是为了帮助学生在对所学知识近乎掌握时而进行的训练。我只会在确信学生不需要帮助，可以独立完成的情况下，才会布置家庭作业。有时我会要求学生在家将他们所学到的讲解给别人，如果他们能够讲解，他们肯定是学会了！

顿罗斯基等人（Dunlosky，Rawson，Marsh，Nathan，Willingham，2013）根据效用性对各种练习策略进行了排序，得出如下结论：

- 概括、突出或者下划线，使用关键词记忆法（用视觉形象将关键词与替代词结合），发挥想象力进行文本学习（将每个段落的内容想象成清晰简单的图像），反复阅读则被认为是最没有效果的学习方法。

- 仔细询问（对于明确提及的事实立刻给出解释），自我解释（学生解释其学习过程的某些方面），以及交叉训练（交替进行不同类型的技能和知识训练），这几种方法在有效性上是平庸的。

- 实践式练习和间隔性练习（将学习分为不同的时间段）是所有方法中最有效的。

我极力鼓励大家读一下顿罗斯基等人的研究，了解到更多细节时，相信很多人会和我一样惊讶。作者们发现，尽管概括并不算是最有效的学习方法，但是仍然是一个很重要的学习技能，因为概括能够帮助学生短期内学习和存储学习的内容。

奥基夫（O'Keefe，2014）引用的一项研究表明，教师要求同一个科学课上的学生们完成两项不同的任务，一半学生要对课上所学的内容进行概括；另一半则要求写下科学在生活中的应用，关注科学与生活的关系和价值。学期末时，和第一组同学相比，后一组同学不但表现出对科学更浓厚的兴趣，同时考试分数也高出年级平均分许多。这个结果对于那些在课上最不可能获得好成绩的同学，是极为鼓舞人心的。

请记住，对于你的学生和所教授的内容，你是专家。如果其中的一种方法对于学生奏效，你可以一直用下去，但是一定要使用另外两种排序靠前的策略，即实践式练习和间隔性练习，这两种方法是由麦蒂娜（Medina，Kupper-Tetzel，Kapler，and Wiseheart，2014）等人推荐的。

要点提示：家庭作业能帮助学生通过多种方式运用所学知识，并能提高学生学业成绩。

高阶思维与知识运用

《布卢姆教学目标分类法（修订版）》（Anderson et al., 2001）中的认知过程维度部分，认为高阶思维技巧包括分析、评估和创造三个层次，教师在教学过程中应竭力实现上述目标。学生在运用知识、复习知识和提取记忆这三个阶段都需要使用这些高级的思维技巧。

运用知识是以让大脑认知系统实现知识的记忆、理解和应用为目的。记忆包括再认和回忆两个过程，这个过程是较为低级但却不可或缺的思维步骤。只有在对所学内容已经记忆了的基础上，学生才能对其进行分析、评估和创造。因此，对所学知识进行简单的再认和回忆，是学生在使用知识的过程中必不可少的练习。通过这些练习，大脑的神经元知识网络连接不断加强，学生就可以进入下一阶段，运用新知识。安德森（Anderson，2001）及其同事把应用知识分为执行和实行两个阶段。程序性知识的掌握，要求学生完全领悟要点，并将其转为自主知识。学生对于程序性知识的运用可以包括：教师给学生设置他们熟悉的任务，并在此过程中实现知识的应用。请看以下案例。

贝洛斯先生这段时间都在教学生掌握科学的研究方法，为了能够很好地讲解，贝洛斯先生花了一些心思。进入新单元学习的第一天，学生刚走进教室，发现讲台上有几桶爆米花。由于爆米花刚出炉，整个教室都弥漫着一股浓浓的香味，当学生们问能否先吃点的时候，贝洛斯先生却要求他们使用科学的研究方法，对比哪一桶的爆米花最松脆可口、最美味，接着他介绍了这三种爆米花分别来自本地制造商、电影院小卖部和杂货铺。贝洛斯先生说完后，学生马上开始行动，因为他们知道越快找出答案，他们就越能早点吃上可口的爆米花！

活动过后，贝洛斯先生让学生把这次经历记录下来，他还和学生分享了自己的经历：当他把新做好的爆米花从锅里倒出来的时候，他的手被滚烫的油烫伤了，伤势很严重。很多学生都不了解这种古老的爆米花制作方法，写完自己的学习心得后，贝洛斯先生开始在白板上写下科学的研究方法的步骤。接下来，学生需要找到一个搭档，讲解这些实验步骤，并用自己的话进行重述。学生在讨论时，贝洛斯先生就在教室里来回走动，给出提示和建议。

形成研究问题后，学生就提出了一个研究假设："我认为电影院的爆米花最松脆可口"，接着，他们会列举出不同的数据：爆米花的种类、爆米花机器、所使用的油，等等。学生把每一种爆米花制作的准备过程的步骤都一一写下来，进行了分析，把他们观察到的现象和研究结果都记录下来。最后，贝洛斯先生要求他们对得出的结论进一步思考。

贝洛斯先生在确信学生已经理解了科学研究方法、用自己的话写出每个具体步骤、领会了爆米花实验的过程后，才给学生布置了家庭作业，要求他们找出播放商业广告最多的电视频道。

通过这样的知识运用，以及其他的多种方式，贝洛斯先生讲解了科学研究方法的含义，并让学生通过相关的、有意义的作业来重复这一方法。这样，经过多次的应用之后，当学生遇到不熟悉的问题时，例如，参加统一的国家考试，他们就会自然而然地使用这一实验方法。

分析

在《布卢姆教学目标分类法（修订版）》认知过程的教学目标这一部分的阐述中，认为分析这一层次包括辨别、组织和归因三个阶段：辨别是对信息的分类，分为相关的和不相关的，并且只使用相关的信息，例如，在贝洛斯先生的课堂上，学生在读一篇文章时，就会使用学到的科学方法对相关信息进行分析；组织是识别某种情境和问题的组成部分，以及分析它们之间的相互关系，贝洛斯先生的学生会根据科学方法的步骤，撰写研究报告，并将其报告分为以下四个步骤：提出假设、研究方法、研究结果和研究结论；归因是对信息的解构和评价，对价值观和可能存在的偏见进行查验，贝洛斯先生的学生通过使用科学方法，将能够以正确的方式看待问题，并分析作者的价值观，找出可能存在的偏见，他们也会反复查看信息，寻找信息来源。因此，用这样的方式进行辨别、组织和归因，都可以布置成为家庭作业，制定实践练习。

评估

评估包括检查和评论两个阶段。贝洛斯先生可以要求学生对使用科学方法做的研究报告进行检查，并查找出不连贯的地方。这份报告的研究结论可能与数据资料不相符，研究假设可能并不是对研究问题的清楚表述。接下来就可以让学生对报告进行评论，看看研究假设是否合理，也可以谈谈报告的适用性和局限性。

创造

创造是对知识进行融会贯通的思维阶段，要让学生达到这样的思维水平，就需要从普通的思维转向独特的思维。在不可预料的情境中，创造作为思维的最高层次，为学生对形势加以规划、制定出相关步骤和解决方法，奠定了基础。例如，贝洛斯先生的学生可以使用科学方法来应对自己拟出的问题，也可以制订教学计划，来讲解科学方法，或者创新自己的步骤来解决问题——这个步骤或许与科学方法的标准不符。

要点提示：要想实现学习的转化，学生必须能够在处理不可预知的或不同寻常的情况或问题时，使用所学知识，加以理解和运用。

知识运用与多种记忆途径：多种记忆类型

目前对记忆类型的了解能够帮助我们区分各种运用知识的策略（见表5.1；Fogarty，2009；Kuczala，2015；以及 Lengel & Kuczala，2010）。

- 语义记忆是教师在课堂上最常用到的教学方法，帮助学生理解语义知识并转化为长时记忆，然而，语义记忆只是大脑获得知识的诸多方式中的一种。

- 情景记忆，会存储事件类和地点类信息。学生会记得邀请的某个嘉宾，新的公告栏，一次户外活动，或者其他任何为了学习而“特意策划”的活动。

- 情感记忆，是最强大的记忆方法，大脑会存储与情感有关的事件记忆。卡荷尔（Cahill，2004）认为，大脑顶部边缘地区的主要情感结构——类扁桃体，主要影响我们记忆的内容。大脑内部的许多连接在记忆某些重要的情感时，会立即交流讯息，把情感融入到这样的训练时，记忆会得到极大的加强；在讲课时，讲故事或发挥点幽默

表5.1 五种记忆类型

记忆类型	识记策略
语义记忆	图像组织法 思维导图法 时间顺序组织法 同伴影响法 模拟练习
情景记忆	户外活动 提示联想法 物品联想法 座位安排
情感记忆	音乐 模拟角色 讲述 辩论
程序性记忆	舞蹈 角色扮演 同音押韵法 歌诀记忆法 动作记忆法（行走，操练）
条件反射（自发地）	歌曲 诗歌 闪卡 问答比赛

感，也属于这一类。如卡恩·布克斯曼（Karyn Buxman）所说：“讲课要有逻辑，但如果要想效果好，必须要注入情感！”借助学生的情感让他们身临其境。

• 程序性记忆是指肌肉记忆，以及经过反复练习直到变为第二天的基础性程序。本章提到的肢体动作的方法有助于理解这一记忆。

• 最后，我们可以通过条件反射或自发动作形成某种记忆。我们的解码技能和乘法口诀，以及其他难以与过去经历联系到一起的知识都储存在这里。

通过反复练习，大脑可以接收信息并以多种途径得以存储（更多信息请参考附录A）。

途径——或者也可称为记忆类型，为学生提供多种可以参与的丰富活动的可能性。要想学习的内容能够成功转化，我们希望学生可以尽可能使用多种途径，当然，他们最终都可能需要通过书面考试的方式汇报他们的学习成果，但是也要确保他们在写作时可以将所学知识转化为语义信息。通过将所学的知识运用到不同的语境中，学生可以将所学的知识以更灵活的方式呈现出来（Kihlstrom，2011）。

我们必须记住，记忆是一个不断发展的过程。安德森及其同事（Anderson et al., 2001）把再认和回忆定为低层次的思维技巧。德菲娜（DeFina，2003）认为，低年级的学生无法把复杂的课程内容概念化。在7～8岁的阶段，学生能借助提示从大脑中提取一个相关的记忆。到了10～11岁，借助同一提示他们能够从大脑中提取三个不同的记忆。这意味着记忆会随着年龄的增长而不断累积，例如，五年级学生中有80%主要依靠事物类别来记忆信息和提取记忆。随着年龄的增长和能力的加强，他们就会形成通过概念分类来组织信息的能力，很显然，教师提供给学生的知识运用方式，会根据学生年龄和能力层次不同而变化。

本杰明（Benjamin，2010）认为，所有的人类都是以故事来思考的，生活中所经历的各种事件构成了我们的人生。教师如果把教授的课程变成学生生活中独特的经历，就能够帮助学生把这些经历转变为长时记忆。将知识的运用过程设计为某个重要事件，将会有助于把知识从情景记忆最终转化为语义记忆（Eichenbaum & Dickerson，2010）。在教学中唤起学生的情绪共鸣也会很有帮助，例如，可以使用辩论演说、角色扮演、说理性写作、工作面试和竞选活动。

助记方法的作用

哈蒂和耶茨（Hattie and Yates，2014）引用一项研究表明，教授学生记忆技巧的教师能为学生带来长远的益处，让学生以优异成绩进入下一学年，这对于基本技能薄弱的学生尤为有益，常用的助记方法有同音押韵法、首字母缩写法、藏头诗、场景联想法、事物关联法和歌诀记忆法（见表5.2），这些方法能够帮助学生在大脑中形成视觉图像。

助记法使用的前提是将学生目前所学知识和过去已学知识结合起来，帮助学生以多种途径存储信息，激发学生对所学知识的专注和兴趣，使学生学会根据线索分类记忆信息，并能轻松地对知识进行回忆。学生已有的知识越少，助记方法的作用就越明显，他们会采用不同寻常的联想使内容便于记忆。因为这些联想是无意义的，会很容易被遗忘，但是有效的识记方法如同朗朗上口的歌谣：一旦你听到了前奏或前面几句歌词，你会立刻想起整首歌！

表5.2 帮助记忆的助记方法

助记方法	例子/说明
同音押韵法 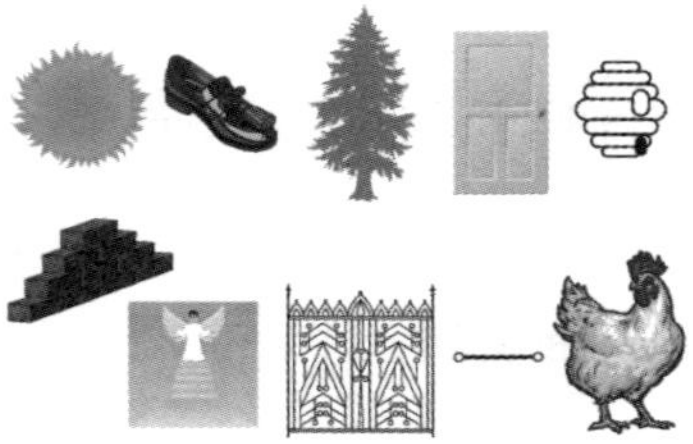	记忆有序或无序的物品，可以先通过押韵的顺口溜对关键词进行记忆： · One is sun. · Two is shoe. · Three is tree. · Four is door. · Five is hive. · Six is bricks. · Seven is heaven. · Eight is gate. · Nine is line. · Ten is hen.
首字母缩写法 	全由字母组成的单词或短语，首字母是对单词的提示，也是记忆的关键（如：HOMES for the Great Lakes: HOMES分别代表Huron，Ontario，Michigan，Erie和Superior）
藏头诗 	一句话里的每个单词的首字母是提示。例如：“A Rat In The House Might Eat The Ice Cream”；这句话里每个单词的首字母组成单词arithmetic（算术）。
场景联想法 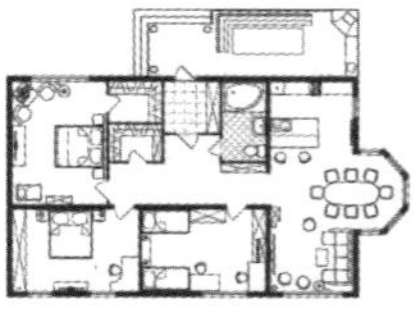	借助一个场景和与之相关的物件帮助学生对一系列的物品进行记忆。首先选择一个确切的地点，把相关的物件放到不同的位置（例如：去睡觉，看到镜衣柜是第一个物件，然后到床，再到台灯，然后是照片、窗户，依此类推）。

最近我在以前一个学生从教的学校做教学演讲，这所学校靠近芝加哥，她现在做副校长。我们讨论到使用押韵的方法可以帮助有效记忆单词时，她主动要求唱一首介词歌，这是她在中学时我教过她

续表

助记方法	例子/说明
事物关联法 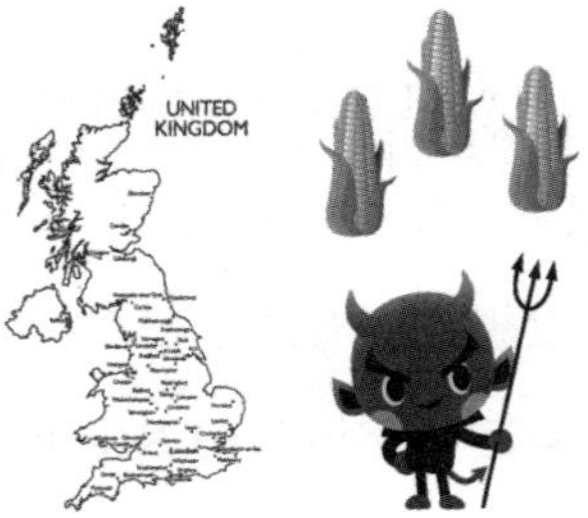	编一个故事，使得这个故事包括了所要学习的一系列内容。例如：要记忆的内容是英国南部的一些县市：Avon,Dorset，Somerset，Cornwall，Wiltshire，Devon，Gloucestershire，Hampshire，and Surrey. An Avon lady came to my Dor（Dor和Dorset发音相似）and set（set和Somerset的结尾发音一致）down her wares. She said she had Some more to set（构成Somerset）, but the Corn was growing over the wall（构成Cornwall）of her shop. She said that it was making her flowers Wilt and she was shire（sure）（构成Wiltshire）that the Devil was on（构成Devon）her trail. She had Glossy（构成Gloucestershire）teeth with bits of Ham（构成Hampshire）stuck in them. Sure（和Surrey发音相似）enough，I slammed the door!
歌诀记忆法 	根据记忆的信息编写一首歌或者顺口溜。例如：在电影《绛帐海棠春》里，宪法的修正内容被编成了歌曲。

的。如今，学会这首歌近三十年了，她依然能够分毫不差地唱出来，并博得了同事们的满堂彩。

表5.2的同音押韵法可以展示给学生记忆的原理，我喜欢使用这

个方法向学生展示了不起的记忆。我让他们列一个要我记住的单子，其中一个学生作为记录员并在黑板上写下1到10，我背对着黑板，让学生们说出一个号码，和他们想要放在单子上的物品的名称。我让他们一次说出好几件物品，然后说“好了”。这可以给我几秒钟的时间将每个物品以押韵的方式形成视觉性的联系，例如，如果号码1是厕纸，我会想象阳光顺着纸洒下来，我也可以想象所有的纸都燃烧起来了，因为光线太强了。再复杂点，我会想象这些燃烧着的卫生纸掉到了地面上，使得房子都着火了。我想象出来的图画越详细，就越容易记住相应的内容。

当学生们完成这个物品清单，我按照他们指定的任何的顺序说出相应的物品时，学生都惊呆了。掌声过后，我教给他们怎么做，学生年龄越小，物品清单应该越短，小学生可以先给出四到五个物品。首先，他们应该学习何为押韵，快的话几分钟，慢的话要几天的时间。教会他们押韵后，给出一系列的日用品清单、学校物品清单或者其他物品。提醒学生在每样物品之间做个联想使之押韵，给他们几分钟的时间进行联想，还要提醒学生，不能写下任何内容，因为这是要发挥大脑的视觉联想能力。当所有都完成后，学生一定都会为自己感到惊奇的！

可以直接回忆的事实类信息，使用助记方法记忆是非常有效的，但对于概念性的知识理解，详细的实践练习会比单一的助记方法更有效。如果希望学生在学习中运用记忆策略，教师必须首先教会他们如何去使用这些策略。教师是成年人，许多策略对教师来说是第二天性，但这些记忆方法并不是与生俱来的，这些方法是可以习得的。

正如其他类型的记忆一样，一种方法必须经过反复练习才能变成长时记忆，并在需要的时候被提取出来。

要点提示：助记方法是帮助记忆的一种手段。

脑力练习和体力练习

我们都读过一些研究，提及运动员和音乐家是如何有意识地在大脑中进行回忆练习的，同样，学生可以使用这种方法来进行各式各样的练习实践。大脑对信息的有意回忆对帮助记忆很有效，这一过程若能重复几次效果会更好，学生们做测试时，他们都需要仰赖想象力来增强记忆。马什（Marsh，2013）认为，“如果你能将所听到的想象出来，你就可以将你所读到的想象出来。”教师在课堂上也可以采取多种方式进行授课，如表演话剧、讲述故事或者解释说明等，学生甚至可以指出他们真正开始理解知识是从哪个时刻开始的，例如，科学课上，你可以告诉学生：“我希望你花些时间回忆一下你做实验的过程。”数学课上，可以这样说：“想象一下有两辆火车从车站驶出来，一辆跑得快些，一辆跑得慢些……”虚构文学的作者通常会用文字描述画面，但是要想了解信息型文本作者的意图，则需要花更多的心思想象。图表组织者在这些过程中可以强化视觉想象力。泰斯顿（Tileston，2009）和达林（Darling，2009）认为，当学生们使用图表来展示各种图像模式时，学习成绩增益值达到49%！

动作练习也能促进学习，因为它通过提高能量水平，加快大脑血液循环，提供了另一种存储模式。通常，你最有效的体力练习都与语义记忆和程序记忆有关。社会科学课上，可以让学生们穿成某位历史名人的样子或者表演一出大事件。数学课上，学生们可以站立，用胳膊摆出各种不同类型的角度。科学课上，可以将某个科学方法分为几步，给学生30秒的时间按照正确的步骤进行实验。英语课上，可以让学生表演一个故事中的某一幕。家庭作业和练习也应该提供给学生肢体运动的机会。

三年级分数教学示范课

教学目标：要求学生理解分数是整数的一部分，分数是集合的一部分，以及分数是整数的一个分支。

了解知识：数学课开始了，罗杰先生要找一个学生帮忙，杰米举手了，罗杰先生就选了他。罗杰先生拿出一根长绳，问班上的学生："如果我要用这根长绳把杰米分成两半，我应该把绳绑在哪里呢？"学生说应该绑在腰间，罗杰先生就按照学生说的，把绳系在了杰米的腰间。罗杰先生接着问："如果我现在又要把杰米分成四个等份，绳子应该系在哪里呢？"学生这回选了杰米肩膀周围的地方。接下来，罗杰先生给每个学生都发了一根长绳，给他们几分钟时间让他们用绳子试着把杰米分成不同的等份。

反思知识：罗杰先生在这个阶段选了学习成效表（PMI）来帮助学生思考所学过的知识。学生要记下三样东西，首先是他们对分数的了解，其次是学习中遇到的困难，最后是他们对分数感兴趣的方面。

学生在做这个练习的同时，也是对他们现有知识的巩固。

重编知识：为了帮助学生重编知识，罗杰先生要求学生知道从自己的日常生活中发现的分数是很有用的时刻。大多数学生想到的都是和朋友分享糖果、蛋糕或者在小摊上买柠檬水的找零。

巩固知识：罗杰先生在课堂里来回走动，检查学生列举例子的情况。发现学生犯错误时，他会及时给予纠正，并帮助学生强化所学知识。

运用知识：罗杰先生清楚学生需要多次的练习才能真正明白分数的含义，他也希望学生学会高阶思维方法（表5.3列举了各种方法以及各自的优点），罗杰先生还在每个方法后列出所用到的反思和巩固方法。通过练习，学生都很好地掌握了分数这个新概念。

工作记忆到长时记忆的转变

运用知识的目的是把所学到的概念性、程序性和事实性的知识进一步加以拓展。通过提供给学生多样化的记忆途径，并保证充足的睡眠时间，学生的记忆存储空间进一步加大。

运用知识可以促进大脑形成长时记忆，也可以促使大脑神经元网络建立稳固的连接，帮助记忆转化，一旦信息以各种不同的记忆途径加以储存，学生就可以通过各种提示来提取记忆。

表5.3 掌握分数的各种练习

运用知识的练习	帮助记忆的手段
1. 罗杰先生带了小罐的、颜色各异的橡皮泥。学生可以选三种颜色。然后他让学生把第一块橡皮泥拿掉1/4，第二块拿掉1/3，最后一块拿掉1/2。	活动，动手能力
2. 第二个练习也是使用的橡皮泥，不同的是，按要求取出橡皮泥后，学生要算一下盒子里所剩余的橡皮泥的分数比率。	活动，动手能力，推理
3. 第三个练习要求学生把他们喜欢的分数做成招贴画。学生首先写下所选的分数，然后画出一些物品，这些物品能够按照所写下的分数来切分等份（如馅饼、苹果、橙子、糖块等）。	活动，绘画，例子
4. 罗杰先生给每个学生带了问答游戏里的“馅饼”。每个馅饼可以分成6份形状和大小都相同的三角形。学生发现6个等份就可以合成一个馅饼。接着他们拿掉馅饼的1/3，并发现1/3等于两个1/6，就这样依此类推下去。	活动，动手能力，理解
5. 两个学生为一组，在教学楼里走动，看看有哪些物品是以分数的形式出现的。例如，学生发现杯子里的水只有1/2，一支铅笔被削剩1/3，垃圾箱装了2/3的垃圾。	活动，合作，实际生活，理解
6. 罗杰先生带了两个完整的比萨。班上有22个学生，加上老师，他们要把这两个比萨分成23份。学生找出最快捷的方法就是把每个比萨分成12个等份，共24份，多出的一份就留给校长。	实际操作，多元感官，实际生活，实际理解
7. 在学生把所学知识进行实际运用后，罗杰先生要求学生反向分析，算算一碗沙能分为多少勺沙。两个学生为一组，他们用一个大茶勺来计算一碗沙能盛几勺的沙。	实际操作，合作，分析，评鉴

续表

运用知识的练习	帮助记忆的手段
8. 学生每4人为一组，罗杰先生发给每组同学一包糖果，要求他们按照不同的颜色把糖果分开来。学生先算出糖果的总数，然后再算出每种颜色的糖果所占总数的比例。糖果都是小包装的，所以数量不会太大。	合作，实际操作，评估，分析，应用
9. 罗杰先生让学生把多彩的、圆形的硬皮纸分成不同的等份。先把第一个分成2等份，第二个分成3等份，第三个分成4等份，依此类推。	动手能力，评估，分析，应用
10. 罗杰先生给学生提供了一个冰激凌圣代的模型，模型很大，有60勺的雪糕量。然后，罗杰先生要求学生计算百分比：30勺的巧克力口味，20勺的草莓口味和10勺的香草口味，各占总数的多少?	动手能力，推理，分析，综合，应用
11. 罗杰先生要求学生自己动手做一个冰激凌圣代。他们可以自己决定雪糕的口味，然后算出每种口味所占总数的比例。	创造，评估，分析，应用

思考

1. 知识运用阶段是教师根据学生自身的学习喜好，去了解学生的最好时机。教师可以给学生布置各种形式的家庭作业和实践练习。

2. 循序渐进地学习、有规律地练习，有助于存储知识。

3. 把每次的练习和知识运用作为一个学习场景。在练习前，教师应该把场地因素考虑在内，运用挂画、图片和多变的室内布置来帮助学生进行知识存储和记忆提取，使教学过程变得更加独一无二。

4. 鼓励学生使用自己的方式进行知识运用。每晚临睡前花几分钟对新知识进行复习，有助于保持记忆。

第六章

复习知识

填鸭式的教学是指在测验之前，教师通过高强度的讲解，把知识“硬塞”进学生的脑袋里。这样做的结果是，学生无法将所学到的知识联系起来。

——威廉·詹姆士（William James）

昆虫学考试的前一天，我的朋友兼同事劳雷尔，在看她的授课计划，在某一页的顶端，写着大大的“复习”二字。

她心想，我一直忙着组织与昆虫学习的活动，都还没顾上想考试的事儿呢。幸好，学校现在使用的是一套全新的教科书，出版社连考试题目都准备好了。

劳雷尔走到档案柜旁，抽出标有“昆虫”字样的文件夹，她发现里面有些相关的练习表格，她从没有用过。因为她有着多年的教学经验，讲课过程中积累了很多学习材料，足够让学生忙一整天。她抽出其中一份练习表格，上面印着“考试后评估”，这个说法让她很惊讶。这就意味着之前应该有一个“考试前评估”的，但是她却从来没有用过，“哦，好吧，”她自言自语道，“我看看这个，确保没有漏掉任何知识点。”

然而，让她感到沮丧的是，出版社提供的试题不仅涵盖了她没有讲过的知识点，而且也省略了一些她认为很重要的知识点。于是，她又埋头在档案柜里翻了一通，找出了去年她出的三年级的试题，两者对比后，她才发现，出版社提供的试题能更全面地涵盖所教过的知识。现在该怎么办呢？这一天下来，她看着自己的教学计划，在想放学后的安排，她是否还有时间、有精力去编写一份新的试题呢？还是应该推迟考试呢？但这都是不可能的。两天后她要参加一个研讨会，但她并不想找人来代她监考。

最后，她决定在复习阶段把遗漏的知识点全部讲解一下，毕竟，这些知识点都是课文里的，学生本来就应该学的。

考试结果也就不言而喻了。教师在职业生涯中也经常会遇到类似的情况——教学实践之前还没来得及了解大脑如何运作，以及学生是如何学习和记忆的。所谓的复习指的是，考试前，每天复习一两章内容，既可以由教师带领学生针对考试内容进行复习，也可以是答疑的方式，由学生提出所学内容相关的问题，教师再进行解答。尤其在初中和高中学生的短期复习中，我对他们的表现非常满意，然而他们的考试成绩却让我大失所望。但是很快，我便找出了其中的原因：学生并不知道他们有哪些地方不明白，所以，让学生自己提出问题完全是浪费时间，而能提出问题的学生表明他们已经透彻地理解了所学内容，才会有针对性地提问。

要点提示：学生并不知道自己哪里不懂。

为什么要复习

沙克特（Schacter，2001）提到了记忆的“三宗罪”：记忆堵塞、记忆混淆和记忆消逝——复习环节可以纠正这些问题。

信息被储存后，却无法被提取，就会出现记忆堵塞现象。我们都曾有过这样的经历：遇到一个以前教过的学生，却怎么也想不起她的名字，这种现象也可称为“语塞”现象，我们隐约知道这个名字，但是，就是做不到脱口而出，过了一会儿，我们很轻易地就想起这个名字来了。同样的情况也出现在课堂上的学生身上，他们明明知道问题的答案，但在考试时，却怎么也想不起来。记忆堵塞通常出现在努力回忆一些专有名词时：人名、地名、文件名和一些有专称的资料名等。而有趣的是，如果是一个普通名词，我们通常都能找到与其意义接近的近义词，例如，一个学生在写一篇关于越南战争的文章，他想用“combat”（战争）这个词，但恰恰忘记了它的拼写，那么他可以用“battle”或“struggle”来代替“combat”（战争）这个单词，但是，那场战争的名字或具体的地址却是不可替代的。

错误的情景信息和错误的信息来源都会导致记忆混淆，所以记忆混淆又被称为“记忆源问题”，这个问题在学生中普遍存在。在大脑前额叶发育完善之前，学生常常难以分辨信息的来源（Dehn，2010）。请参考下面的案例。

给学生讲解有关大脑的知识时，我们曾讨论过下丘脑。下丘脑是一个位于丘脑正下方的大脑结构，它涵盖了神经元网络，能把信息传递到脑垂体，因此它在控制体温、情感、饥饿感、口渴感、生物钟和荷尔蒙等方面起到了重要作用，同时它也和脂肪代谢密切相关。

放学后，一些学生在校车上讨论大脑结构，女生认为下丘脑的确控制着饥饿感，她们还谈及了减肥药的种类和一些控制体重的运动，坐在旁边的一个男生说他曾读过一本健康杂志，里面提及身体的运动能刺激海马回，并产生新的神经元。

几天后，我根据学生所学习的有关大脑结构的知识，进行了一次测验，这个测试的目的不是为了评分，而是为了通过信息重编对所学知识加以纠正和巩固。同时，这次测验也为学生提供了一个机会，将通过其他途径存储的信息转化为语义途径。考试中有单选题，其中一个问题是“最容易影响饮食和运动，也容易被其影响的大脑结构是：（a）类扁桃体；（b）丘脑；（c）海马回；（d）下丘脑。”

大部分学生很快便选了（d）下丘脑，但在公车上讨论过大脑结构的三个学生却选择了（c）海马回，为什么会出现这种情况呢？因为他们记得曾经谈论过海马回和运动的关系，就以为那是我曾告诉过他们的信息——这就是所谓的记忆混淆。

如果我在测验之前帮助他们进行复习的话，这个问题也许就可以避免了。我们会再次查看一下大脑结构和功能，这样就可以帮助学生消除有关大脑结构的误解了。因为这次测试纯粹是一次练习，所以我把试卷评讲当作了复习，帮助学生纠正了错误的信息源。

记忆消逝，是一种随着时间的推移而衰退的记忆力，它也被称为遗忘曲线或记忆衰退理论。该理论表明，若长时间不使用大脑的神经网络，它就会逐渐衰退，就是所谓的“不用就没用”！有一项与课堂教学相关的研究得出的结果如下（Keeley，1997）：

- 时隔1天，人们能记住54%的学习内容。
- 时隔7天，人们能记住35%的学习内容。
- 时隔14天，人们能记住21%的学习内容。

• 时隔21天，人们能记住8%的学习内容。

另一项研究就听众对讲座内容的记忆情况进行了调查，发现听众在14天后，居然忘掉了90%的讲座内容（Keeley，1997）!

申克（Schenck，2011）认为，将定期复习贯穿于整个学习过程中，并逐渐延长其时间间隔，能加强大脑的长时记忆。对于传统化测试和标准化测试两者而言，反复复习的时间间隔对学生的知识储存量影响很大。申克在研究中还发现，教师一般是在最开始的知识学习和知识运用完成很久后，才进行考试复习。鉴于此，他建议教师从一开始就对所学内容进行间隔性的复习，然后，慢慢地延长每次复习的间隔时间（如图6.1所示）。

要点提示：不及时复习，重要信息就会很快被遗忘。

图6.1 复习计划

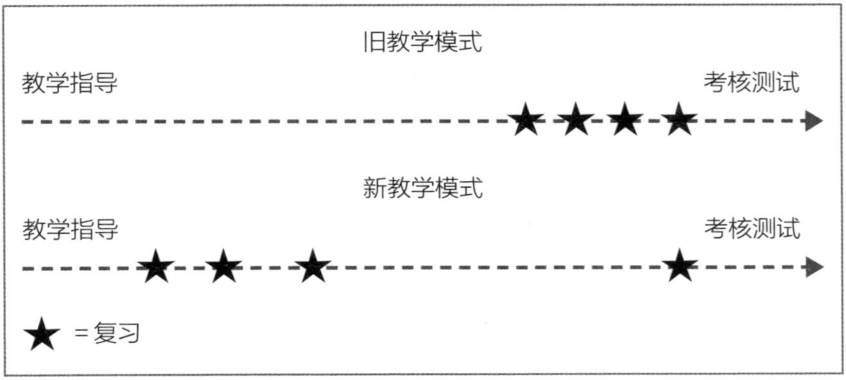

摘自Schenck（2000）。

教授自然科学的教师珍妮正在讲解“火山”这个单元的课文。这个单元的教学目标是有关地球科学的：了解大自然的建设性力量和破坏性力量是如何合力塑造地形地貌的。建设性力量包括地壳运动、火山喷发和冲积物沉淀；而破坏性力量则包括风化作用和侵蚀作用。在学习的过程中，学生们直观演示了相关的词汇，还讨论了《没有夏季的1816年》，并写下了电影观后感。接下来，他们观看了有关火山的录像片段，编制了学习成效图表，最后，还欣赏了珍妮去夏威夷旅游、参观火山时拍的照片，并对其进行了讨论。后来学校会议占用了一些时间，打断了教学计划，所有的这些活动大概用了一个星期。

珍妮决定下一次带学生们去科学博物馆进行实地考察，学习如何预测火山喷发的时间，但在出发之前，珍妮会带学生进行第一次复习，确保他们理解了概念性知识。她设计的这个单元的考核是“选择——反应型”的形式，所以复习必须与考核的目标相一致。为了引起学生的注意，珍妮决定以游戏问答的形式进行复习，她并没有准备问题，而是将学生分成两组，让两组学生之间相互提问。学生提问的形式多种多样，有些是单选题，有些则是简答题，珍妮对此感到很高兴，因为这些问题的形式与考试的形式非常接近，同时，在复习的过程中，学生非常积极地提出问题，并回答问题。学生们对复习过程中的所有环节都很得心应手，无论是让他们自己创造问题，还是其他的参与环节。复习过后，珍妮评讲了学生因不理解概念性知识而出现失误的问题。

出发那天，珍妮给每个学生都发了一张图形组织图，让他们记录下接下来的学习内容。实地考察结束后，第二天的课上，学生以小组为单位，以四角反思的方式讨论了考察的实况，并和其他同学分享了自己的组织图表。接下来，珍妮让学生以两人为一组，进行某个著名的火山爆发事件的在线调查。他们要搜索当时人们用于预测火山爆发时间的科学依据，还要写下这次火山爆发对其周围文明社会带来的影响。完成这个项目学习活动花了好几天的时间。

人的记忆是不稳定的，于是珍妮计划了另一轮的复习，这次她要求全班学生一起合作，利用彩笔和通告栏上的墙纸，创作一幅思维导图。学生先在该图中间写下“火山”这个词语，然后在词语周围画上一些尘雾样图案，这就是所谓的“火山尘末”。这次珍妮要求学生自愿参与活动，让他们轮流写出相关的主要知识点，并简要地加以描述，然后针对每个知识点加上图像标识，这样，在同一个知识点下，相关标题、知识细节和相关词汇都用同颜色的彩笔标了出来。为了和考试加强联系，珍妮在练习过程中还设计了一些单选题，帮助学生总结回忆了绘制导图所需的知识。终于，学生们完成了火山的思维导图，珍妮现在就可以使用，并且在下一轮复习中还会用到。

在接下来的学习中，珍妮还设计了一些应用题。她先给出熔岩的温度，然后让学生计算出问题的答案，问题是这样的：从火山口喷出熔岩的温度高达1150摄氏度，如果将这个温度换成华氏温度是多少？

几周过后，该单元的教学结束了。珍妮在期末考试前给学生复习了三遍课文内容。结果，她班上的学生都考得很好。

正如申克（Schenck，2011）所提到的，如果学生在学习过程中能积极主动地参与，并且在过后两三个星期内及时复习，那么他们对大部分知识的记忆能够保持两三个月。

要点提示：复习能延长学生对所学知识的记忆。

拖延症和临阵磨枪

学生复习的不到位，会使得他们想方设法考虑在学习上或者在考试上胜出，尽管大多数教师都会建议学生每天晚上看几分钟笔记，不幸的是，很少有人真的这么去做。这种复习方式提供了大脑在睡眠时可以用来练习的素材，而且，经过反复练习，所学的知识才能够顺利转化为长时记忆。

如果学生并没有每晚都复习一次，或者教师上课时没有提供复习的机会，学生通常会将学习拖延到最后一刻。如同前几章讨论的，这种拖延症导致了学生在考前临阵磨枪。长远来看，这种方法对于记忆毫无益处。索姆（Sommer，2010）对考前填鸭式复习的大学生进行调查后发现，他们具有以下特点：故意地拖延、备考焦虑、白热化复习、争分夺秒追赶最后期限。临阵磨枪有时候或许会成功（前提是，临时记忆的知识在考完后遗忘，而不是考前）。

研究表明，考前死记硬背的确能够提高考试分数（Schenck，2011；Vacha & McBride，1993）。例如，克鲁（Crew，1969）发现，考前两小时紧急复习的学生要比那些一点都没有复习的学生的分数高很多，但是，考试完后，临阵磨枪的学生们学到的知识就会遗忘。年复一年，考前复习的时间变得越来越长，因为每升高一个年级，需要复习的时间就会越来越久，而且，新的考试标准要求作文写作和阅读理解的难度也要增加，教师应该及时了解你所在的州或区域要求的标准是怎样的，以避免让学生最后时刻才去准备考试。

如何复习

复习事实性知识是对信息的重组。请务必记住这一点，从长时记忆中提取信息后，把它转化为记忆储存，然后通过考试来测试信息的准确性，以便及时抓住机会，对知识进行重组，进而促进知识的转化。帮助学生复习必须致力于达到以下的目标：

- 复习的内容要与教学指导和考核测试相一致。
- 检验学生记忆信息的准确性。
- 提供必要的环境和条件，要求学生用高阶思维技巧来分析问题、评估知识和创新性地运用知识。
- 巩固学生现有的知识网络。
- 应对高风险的测试时，让学生在考前相似环境中进行模拟考试。
- 避免填鸭式的复习。

美国大学联考（2016/17）提倡的三种备考策略分别是：

1. 尽量熟悉考试内容；
2. 及时更新与考试内容相关的知识和应试技巧；
3. 找出没有学过的考点内容。

如上文所述，如果平时学生能够进行规律性的复习，那么就可以避免考前临时抱佛脚的情况。塔克曼（Tuckman，1998）进行了一项研究发现，如果能给有拖延习惯的学生多进行几次小的笔试，他们就能在期末考试中取得较好的成绩。这一发现和温灵斯盖（Wenglinsky，2002）的一项研究结果相吻合：如果老师定期给学生进行笔试，那么学生在标准化测试中能取得更高的分数。

随堂测验

自15年前创立了脑兼容课堂后，我一直都不提倡随堂测验。毕竟，毫无准备就进行测验，会给他们带来压力。而我希望学生在我的课堂上能够觉得轻松自在。

然而，就在去年夏天我改变了这个看法。那时，我写了一本书，名为《精通脑兼容教学》，并为此举办了一个为期五天的研讨会，当时一共70人到场，其中包括K-12的教师、专家、学者、学校心理专家和行政人员。在会上，针对压力问题，我谈了一些减轻课堂压力的方法，例如在课堂上使用音乐让学生放松心情，使用清晰的教学程序，像教练一样教学，让学生明确学习的目标和考核标准等。当被问到对随堂测验的看法时，我告诉他们自己已经不再使用这种考核形式了，因为我觉得这种方式会给学生带来很大的压力。

在休息的时候，一位教高中的西班牙籍老师走过来，很关切地对我说，他会定期地对班里的学生进行随堂测验。他觉得随堂测验很可行，因为这样会促进学生完成作业练习，还可以提高他们的学习成绩，所以，他不知道是否应该改变原来的教学计划。后来，我们决定在研讨会结束前各自进行一些相关的调查，然后再一起讨论。

我对研究结果感到很意外。塔夫茨大学的研究人员（Smith

Floerke & Thomas）认为，通过做测验的方式来学习，这种方法被称为检索练习，可以保护大脑记忆力免受压力带来的负面影响。参与人员要求学习30个带有图片的单词，这些单词是由电脑程序随机指定的，每几秒钟会展示一件物品，每看完一幅图片，参与者有10秒钟的时间记笔记。其中一组参与人员使用检索练习的方式学习，并通过计时测试的方式来回顾他们能够尽可能记起来的单词。另一组采用普通的学习方式。参与人员学习的都是电脑屏幕上展示出来的内容，并给他们指定的时间采用多种方式学习。结果发现，检索练习小组比普通学习小组的表现更好。

塔夫茨大学的这项研究与另一项研究《对学术词汇过目不忘的101种策略》很相似，这项研究中，学生通过简单地将他们所了解的内容写到一张空白纸上：

在一项研究中（Szpunar，Chan，McDermott，2009），学生分为三组，分成五次学习电脑上的单词，每次中间有20分钟的休息。休息期间,A组学生可以想休息多久就休息多久，B组学生需要待在电脑前复习刚学过的单词和定义，C组学生每人一张白纸，要求写下他们每次学习所记住的内容。在随后的单元测试和最终测验中，C组同学的分数超出其他两组40%，有趣的是，B组比不做任何复习的A组的测验结果要好得多。这项研究表明，鼓励学生来听课很重要，但是课讲完后，教给他们如何将新知识进行重编和内化也同样重要（Sprenger，2017，p.14）。

如果经常给学生做测验，这就会成为他们课堂学习的一部分。因为，学生知道随后会有测验并为此做准备，会降低他们在前面学习中的压力，就像前面提到的那位西班牙老师的课堂一样。

要点提示：利用随堂测验帮助学生复习所学知识，能使学生在以后的考试中取得更好的成绩。

马扎诺的有关复习的一些观点

马扎诺（Marzano）在《教学的新艺术及新方法》（*The New Art and Science of Teaching*）（2017）一书中，提到复习这一要素。该书涵盖了以下八种具体的复习策略：阶段性复习、完形阅读、概括总结、提出问题、现场展示、随堂测试、教师提问及学生相互交换问题。

1. 阶段性复习：学生复习当前单元的内容，并将其与以前的单元建立联系。这一方法与思维导图的运用很相似：每学年伊始，创建思维导图，所学的每个单元也都用思维导图呈现出来。这个环节完成后，教师留出时间来，将最近所学习的单元与前面每个单元建立联系。当然，这种方法对某些科目来说，操作起来更简单些，尤其是历史学科，但是我看到过有的教师在数学课和科学课上都成功地使用过该方法。

2. 完形阅读：教师向学生提供缺失某些单词或短语的句子，缺失的信息都是来自刚学完的课本章节的内容。这个方法也可以用来作为学习环节的引入部分。学生喜欢完形练习，你可以提供一个单词或短语列表，但是在单元结束时，学生需要根据记忆填上缺少的信息。

3. 概括总结：教师让学生写下所学内容的简要回顾，或者提供概要，让学生讨论。记住，单元结束用来复习的概要只不过是用来回忆所学知识的简单工具而已。

4. 提出问题：教师提出问题，让学生们结合之前所学内容解决问题。教师希望学生具备的核心能力之一，就是学生在新的意想不到的环境中能够运用所学知识。

5. 现场展示：教师要求学生展示他们学到的某种技能和过程——如果学生可以现场展示和教授，他们肯定是理解所学的知识了。

6. 随堂测试：教师提供学生现场测试，可供学生记住和运用先前所学的知识。测试结束后，学生可以继续就他们不明白的地方进行提问。

7. 教师提问：教师通过提出一些问题，要求学生来回忆、辨认，或运用先前学过的知识。尽管我们最终都希望学生可以自己提出问题，大多数老师还是可以很敏锐地察觉到，学生如果不知道自己哪里不懂的话，他们就很难提出问题。

8. 学生相互交换问题：学生在笔记本上写下某个题目，然后两两一组，比较下彼此写下的题目。你也可以让学生拿出一张纸并对折，请学生们在左页最上方写上“越南战争的主要原因是什么”？学生可以在左页简要地写出答案。然后在教室里走动，找到一个搭档。一个学生分享自己写出的问题清单，当另一个学生听到的信息是自己没有写下的，听到后他/她就写下来。现在，第二个同学继续他的问题清单，并寻找下一位同学。依此类推，学生们重复这个过程到最后。

其他的复习方法

事实性知识与概念性知识的复习方法有所不同。学生复习公式定理、概念定义或信息列表时，可以通过制作知识卡片、借助音乐旋律、朗诵或歌谣来帮助记忆，又或者通过机械背诵进行复习。这些方法可以帮助学生从大脑的各种记忆途径里提取所需知识，正如第五章所述。

而对于概念性知识，学生需要以理解为主的复习。前一章所用的思维导图，是我所偏好的几种复习方法之一（见图6.2有关思维导图的绘制）。在进行活动时，我会把全班学生分成若干个小组，复习当天，我给每个小组发一张12 × 18英寸的图纸，然后要求他们用彩笔把学过的概念性知识制作成一张思维导图。如果要制作一幅关于课文的思维导图，学生会参考原文、笔记以及所有的资料和练习。一般来说，学生以小组的形式制作一幅思维导图，大概需要20 ~ 30分钟的时间。在完成思维导图后，学生会把它们贴在教室墙上或通告栏上供所有人观看，学生相互检查对方的思维导图，如发现遗漏了某些重要信息，也会帮对方补上。

正如我之前所说的，学生学习知识时，并不知道他们有哪些地方是不懂的，但经过这次课堂活动之后，他们便清楚了自己的知识盲点。然后，当学生提出问题时，我便可以提供反馈信息，帮助他们巩固知识。

当然，也有其他的复习策略可以使用，例如，概念图表、手抄笔记和考点列表等。此外，教师也应该尽力给学生创造与考试环境相

图6.2 思维导图的绘制

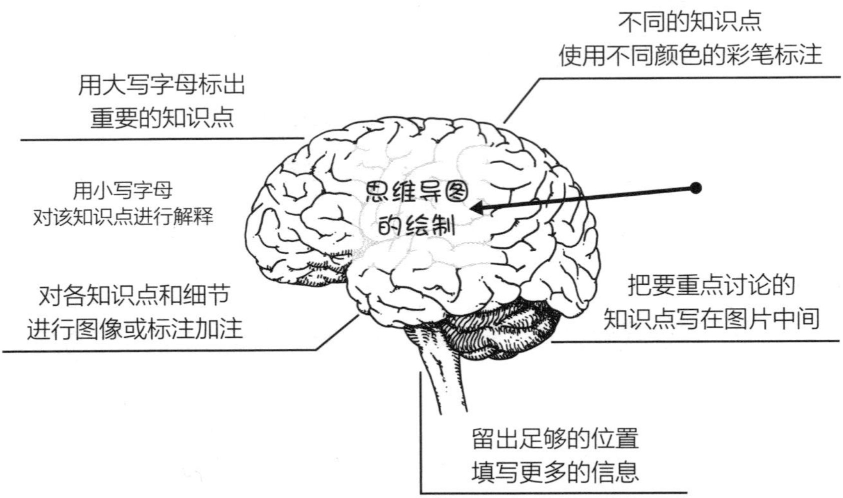

似的复习环境，如果考试涉及主观问答题，那么在复习时也应该有该类题型的练习；如果考试考核学生的认知性记忆，那么在复习时也应该涉及这部分内容。教师应该通过复习给学生提供一个学以致用的机会，或许在知识运用的环节你已经达到了这点要求，但是如果在复习阶段，教师也能够遵循知识运用阶段的同样的复习计划，并设计一些与学生生活相关的问题或场景，这对学生也会很有帮助。因为这样的复习既可以帮助学生运用知识，又可以帮助学生巩固记忆。

如果考核是以笔试的形式进行，老师就必须帮助学生把所学知识转化为语义记忆，例如，学生如果一直都在动手解数学运算题，但考试却要求以文字的形式来解题，那么在复习阶段，教师就应该花时间帮助学生能够用书面的形式将知识转化出来。在这个过程中，教师也可以鼓励学生回忆他们解答数学运算题时所使用的方法，如果学生能回忆起整个运算过程，他们就能解答试卷中的问题，但有些学生不能把所学知识转化为书面的解题过程，这就是导致学生无法在考试中取得好成绩的原因之一。再比如说，如果要求你把如何系鞋带解释清楚，但不能用手演示，也不能看自己的双脚，你还是可以做到的，只不过会觉得有点困难或者有点别扭。因为这可能需要耗费一些脑力，才能将轻而易举以程序记忆存储的信息转化为语义信息，并解释清楚系鞋带的这个过程，虽然刚开始这会花费大量的时间和精力，但通过反复的练习后，就会变得简单自然了，学生的复习过程也是如此。此外，在复习的过程中，教师还要关注学生的情感体验，如果教师在讲解知识时使用了一些激发学生情感的练习策略，在复习时，教师也应当唤醒学生的这种情感体验。如果在之前的单元内容学习中，学生有丰富的情感体验，诸如欢笑、兴奋或伤感等，这些情感体验都有助于激发学生的回忆，因为每次回忆的过程就是练习和复习的过程。而复习就相当于唤醒记忆，这些记忆使得学生得以应对考试，甚至是应对人生！

要点提示：教师在教学和练习阶段，若利用学生的情感促进记忆，则需要唤醒学生当时的情感，帮助学生提取记忆。

知识复习，记忆转化和高阶思考

通过知识运用，学生会把大量的概念性知识和事实性知识储存在长时记忆里，复习过程也可以看作是实现一个个学习目标的过程，如对知识进行分析、评估和创造。教师也可要求学生从长时记忆中提取信息，把信息按照相关性进行分类，例如，学生可以把所学到的主题主旨、道德规范和个人收获运用到现实生活中；例如，在学习《恺撒大帝》这篇课文时，学生可以把布鲁特斯和卡西乌斯这两个人物和当代的人们进行分析比较。又如，在复习消费主义的内容时，学生构思创作了一则广告，用以展示他们对“传媒影响力”这一概念的认识。或许，在复习社会科学时，学生也可评鉴人与人之间相互竞争的现象，以及人们在战争时期对社会做出的贡献。

七年级英语课示例

［译者注：案例分析《记忆传授人》（洛伊丝·洛利著）］

福克斯太太的教学工作一直都在按照教学计划进行，她运用逆向的教学设计模版，先列出教师希望学生掌握的知识，然后设计一份试卷，测试学生的学习效果，检测他们所学到的知识、能记住的知识以及可转化的知识。从考试的情况来看，学生已经把小说《记忆传授人》的相关内容变为长时记忆了。在这个单元的教学中，福克斯太太设计了几个信息重编的环节，通过活动，学生对小说中的几个主题思想进行了思考。她的单元设计如下：

了解1：本单元学习的第一天，学生进入教室后，需要首先选择自己就座的地方，教室被分成了两边，一边标注为“这里”，另一边标注为“别处”。在所有学生就座前，都不许向老师提问题，全部学生就座后，他们就“这里”和“别处”这两个词的区别，在小组内部进行头脑风暴式的讨论。讨论过后，他们才开始阅读这本小说。

反思1：学生要在日记本上写下自己对未知事物的感想：如果他们要从“这里”去到“别处”，又会是怎么样的？

了解2：第二天，学生进教室的时候，听见老师播放的《回忆》这首歌。福克斯太太要求学生去回忆一些美好的经历，并和他人分享自己的经历。

反思2：学生在日记本的一页写下“回忆”二字，然后他们要在五分钟内写下尽量多的重要回忆。完成后继续阅读。

重编信息：学生从他们阅读的小说《记忆传授人》中选出一些例子，用以说明在施舍者中记忆和活下去是何等的重要。然后他们对两种完全不同的生活进行比较，一种是没有记忆和毫无痛苦的生活，另一种是充满记忆和痛苦的生活。

巩固知识：利用苏格拉底提问法，福克斯太太帮助学生消除了误解。她要求学生把自己的观点、看法写到通告板上，并邀请大家一起思考。

练习1：为把信息储存在程序性记忆里，学生们对小说中的几个场景进行了角色扮演。

反思3：角色扮演完之后，学生们讨论了整个过程，尤其是他们自己的。这个过程也有助于强化记忆。

练习2：在明确了解明喻和暗喻定义后，学生要用故事中的人物加布里埃尔、乔纳思和解放制度这三个概念来做比喻。

反思4：要求学生在笔记本上写下他们最喜欢的故事中的比喻，并做个简短的解释，帮助学生理解和记住这些比喻。

练习3：学生对当今的现实社会与小说中的社会进行了对比。

反思5：要求学生在笔记中写下这个问题："你觉得哪个社会更好一些？乔纳思所在的社会中有哪些积极方面是你希望我们所在社会可以吸收接纳的？"

练习4：学生以黑白两色制作他们生活的世界的海报，然后将其挂在墙上，并相互讨论一下色彩的重要性。

反思6：让学生花一些时间想象世界变成了黑白，除此之外，没有别的色彩。他们觉得这会对他们自己以及他们的家人造成什么影响呢？

练习5：学生以《记忆传授人》为题写一篇新闻简报，这个练习可以检验他们对文中的一些基本的事实是否有清晰的认识。

反思7：学生对于所写新闻简报的基调进行反思，并与小说原文的基调进行对比，看看是否匹配。

复习：福克斯太太在对学生写的新闻简报的准确性给出反馈后，邀请学生相互交换查看，并根据对方的文章写一篇社论。福克斯太太接下来针对学生所写的社论给出反馈。

练习6：学生在此之前已学习过一篇课文《大屠杀》，福克斯太太要求学生们对历史上的毁灭性行为进行对比。为了能做到这一点，学生需要依靠知识记忆，把两个单元的知识联系起来，并把课本知识和现实世界联系起来。

反思8：因为《大屠杀》是个很敏感的话题，福克斯太太因此给学生提供机会，让学生们在笔记本上写下自己的感受。

练习7：为了锻炼学生的分析能力、评估能力以及创造能力，福克斯太太要求学生补述小说开始前可能发生的故事，并对小说进行续写。

反思9：福克斯太太要求学生们写一段小说开始前可能发生的事，以及对小说进行续写，考察学生们如何将这些内容添加到故事情节中。

练习8：针对以下议题中的一个："日间托儿所""待孕妇""安乐死"和"志愿者主义"等，在网上查找相关资料，进行研究。

本单元的练习需要花费好几节课完成，完成这些练习后，学生还需要在课前做准备和课后做作业。在开展活动的时候，学生都是以分组的形式来进行的，有小组，也有大组。经过这八轮的练习和复习后，福克斯太太决定测试一下学生对知识的长时记忆。笔试考核的是知识的应用，以下回忆知识为主的题目为福克斯太太提供一些她需要的信息。例如：

- 在小说《记忆传授人》所描述的社会里，人的地位都是平等的吗？是否所有人都一样？请详细解释一下"平等"和"相同"之间的区别。

- 在乔纳思生活的社会里，"解放"这个概念是非常重要的。你认为这个概念有何优点？有何缺点？有哪些详细的例子能够证明你的观点？

- 把我们生活的社会和乔纳思的社会进行比较，找出各自的优点。

• 男女地位不平等的问题在乔纳思生活的社会里和在我们当代的社会里，表现不同。如何区分这两种男女地位不平等现象之间的差异？

对于成绩不理想的同学，福克斯太太首先会弄清楚学生考试失利的原因，是因为知识储备不足，还是提取记忆时出了问题。然后她将进行一次以知识再认为主的测试，考题包括搭配题、判断题和单选题。如下：

在下列例子中，属于“平等”范畴的，请在该题前对应的横线上填写字母E；属于“相同”范畴的，则填写字母S。

____A. 并非所有的工作都受到同等的尊重（比如说，母亲告诉莉莉代孕生母是不受人尊敬的，人们往往更加尊重养父母）。

____B. 在社区的大庆典上，同一年龄的人，在同一时间，会被给予相同的东西。（如剪发、计算器、自行车、安抚玩具、姓名、父母、生日等）

____C. 法律和规则对所有人都是平等适用的。

____D. 患病的、老人、被歧视的人等，最终都得到了解放，这说明了在本质上人人相同。

____E. 对待每一个人，无论老幼，都要有礼貌，犯错时要表示歉意。

____F. 日常活动（如分享梦想、分享感受等），对每个人都是一样的。

____G. 在小说描述的社区里，不分贫穷富贵，人人所得的都是一样的（其实是一无所获的，因为他们都是赤贫的）。

这样的测试及其他的知识再认测试，其实可以反映出许多问题。学生们在第一次以知识回忆为主的考试中失利，但却在这次知识再认测试中胜出，说明这些学生在提取记忆时遇到了困难。信息得以存储，因为学生看到相关知识时能够辨认出来。针对这些学生，福克斯太太会帮助他们从大脑中提取所需的信息。相反，如果学生在知识辨认的考试中表现较差，则说明他们存在着知识记忆方面的问题（Mason，Kohn，2001），也就是说，知识并没有储存到长时记忆中。造成这种情况的原因，可能是学生上课注意力不集中，或睡眠不足，也有可能是学生需要更多时间学习，或者对知识进行更多的练习。

要点提示：学生无法回忆或辨认信息，是知识记忆出了问题；如果学生能够辨认信息但却无法回忆信息，则是提取记忆出现了问题。

再次讲解授课内容

通过复习，教师会发现学生无法把信息转化为长时记忆，或学生无法提取记忆。在这种情况下，对授课内容再次进行讲解就很重要了。克劳利和西格勒（Crowley，Siegler，1999）在一项研究中提到，教师在一开始就运用视觉演示的方法讲解新知识，会加深学生对知识的理解，然后由另外的同学用言语加以解释，最后就是使用重编信息的策略，让学生用自己的话，把刚学过的内容复述一遍。很多教师一直在遵循书中所提的七个步骤去教授学生记忆，但现在看来，这个“三步走”的步骤在整个过程中的作用是最明显的，因为会有一部分的学生并不需要知识的再次讲解，甚至他们已经有能力去辅导其他同学了。教师请这部分学生进行二次讲解，不仅能给有需要的学生带来新鲜多样的体验，同时也能帮助这些学生进行自身的知识巩固。

《快车道教学》（2017）一书中提供了以下六种二次教学的策略和建议：

1. 建立图示：这一建议提出很多学生缺乏必要的原有知识，可以使用YouTube上的视频来填补这一空白。

2. 同伴讲解：学生有时会认为听了教师太多的教导了，需要有位同学来解释下。此时教师不应叫成绩好的同学来做，而应该让刚刚弄明白学习内容的同学来解释。

3. 合作式学习：使用“圣人与文士”法，一个学生发言，另一个学生记录下发言内容，然后交换。这个方法有助于鼓励学生使用学术词汇发表观点，很有效。

4. 关注词汇：使用“照片快速写入”法，教师向学生展示用于描述的照片，并提供一个词汇库用于写作。

5. 使用视觉手段：思维导图、要点图及其他的视图有助于学生再次学习使用。

6. 多次检查学生的理解：这一策略有助于帮助教师发现学生是否错过了各个知识点之间的联系。

要点提示：再次讲解应采用不同的教学策略，给学生带来新的学习体验。

考试技巧的复习

曾有一位演说家说过，教师总会“假设”，想当然地认为学生有这样或那样的能力。假设学生已获取了学科知识，假设学生已知晓了记忆方法，假设学生已理解了知识要点，假设学生已掌握了考试技巧，等等。但是研究结果表明，这些假设和实际情况是不相符的。

一项针对四年级学生的研究发现，教授考试技巧的班级的成绩，每年提高19%（Harris，2014）。对高年级学生的另外两项研究结果则更为可观（Carter et al., 2005；Holzer，Madaus，Bray，& Kehle，2009）。哪怕在大考前让学生们写下自己的担忧，也会使他们的成绩提高超过10%（Ramirez & Beilock，2011）。

要想学生考试取得好成绩，教师教授考试标准、考试目标及考试结果中涉及的关键词汇，这点至关重要。根据州标准和国家标准，我发现有55个高频词（Sprenger，2013）。这项研究很明显是有关词汇学习的：85%的学生的分数是基于他们所学到的合乎教学标准的词汇知识的（Marzano & Kendall，1996）。如果你的学生正在备考州级考试或者国家考试，请教师务必搞清楚本年级（以及本年级以下）的学生的词汇要求，例如，单词“分析”在大多数的教学标准中，主要是针对五年级学生的，意思是，五年级以下的学生，不需要了解这个词。这个标准中的大多数词都能反映出学生的知识加工技能，如果学生不知道如何使用这些技能的话，他们就无法正确回答问题。想了解我给出的词汇表，可以参考《如何教授教学大纲的核心词汇》一书（Sprenger，2013），Vocabulary.com也提供了一系列有用的分级词汇，可以用于智能评估使用，详见www.vocabulary.com/lists/932902。此外，教师还可以和同事一起通读一遍教学标准，找出学生需要学习的词汇，查看历年已经发布的测试题，并找出考试题中出现的词汇。学生掌握了这些词汇，将会有助于考试取得好成绩。

以下是一些可以用来复习的其他的考试技巧。

- 如果考试试卷的印刷字体及大小与学生平时练习的有所不同，请在复习时让学生使用相同印刷字体及大小的试卷。
- 如果考试有时间限制，请在复习和练习时使用相同的时间限制。
- 如果考试座位统一安排，请在考试前几天，让学生按照考试编排的位置就座。
- 如果学生已经习惯随堂测试时听背景音乐，但是考试不允许放背景音乐，请让学生在没有音乐背景的情况下进行模拟考试。
- 如果学生对声音敏感，请学生（甚至是教师）在考试时穿软底鞋或帆布胶底运动鞋。

要点提示：教师讲课可以考虑采取以下各种技巧：引导学生对所学内容进行释义，给出大纲，引导学生记笔记，创作认知图表，以及使用先行组织图等。

复习：提取记忆、重编信息和重储记忆

复习可以使学生从长时记忆里提取记忆，也为学生提供了更多新的机会，可以在记忆储存中运用知识。学生如果能够顺利提取记忆，以后能够再次提取。在接下来的学习中，教师就可以让学生回忆概念性知识，并将其运用到不同的情景中，这样就可引导学生运用高阶思维思考问题。

如果学生是为标准化考试做准备，教师应该帮助学生明确该次考试的确切目标、测试标准以及评分基准。决定考试形式及范围的是出题者，而非教师，因而教师无法控制这些因素。对此，学生复习和练习时，覆盖面一定要广，要保证复习的环境与考试环境一致。多种形式的复习有助于学生对知识进行多元化的编码，使得学生在提取记忆时更为轻松（Squire，Kandel，2008）。

教授学生形成知识记忆是一个不断循环的过程，储存记忆，提取记忆，再储存记忆。使练习和复习多元化，目的就是为记忆提供新的储存空间。

思考

1. 请在编写教学计划的同时，设计复习方案。参考图6.1，可将定期复习贯穿于整个学习过程中。

2. 事实性知识需要学生进行机械性识记。如果学生在这方面感到困难，请向其推荐第五章的助记方法。

3. 复习会占用大量时间，但从长远的角度看，充分间隔的复习实际上可以节省时间。

4. 教师应如何在课堂上增加复习的次数呢?

第七章

提取记忆

当我们对记忆进行解码时，海马回对感官记忆进行抓取并存档。当记忆被正确解码和存储时，就可以随时进行提取了。

——丹尼尔·沙克特（Daniel Schacter）

你开车去学校上班（隐性程序记忆）。刚把车停稳，上课铃声响了，于是你急忙从车上跳下来，跑进了教学楼（隐性刺激反应）。你走进教室，开灯，启动电脑，然后放音乐（隐性程序记忆）。两个学生跑进教室，说他们要在办公室帮忙，希望你能帮他们点一份热乎的午餐，然后你不断地重复他们的名字和要点的午饭（即时语义记忆）。其他的学生就座后，你环顾了一下教室，检查出勤情况，发现有个空位置，你闭上眼睛回想那是谁的座位（显性片段记忆）。啊！是查尔斯！你记起他和你说起过，他今天要去看牙医（显性，语义）。这件事也让你想起了自己上次看牙医，进行牙根管治疗的经历，现在想起来后背还有些发凉（隐性，情感）。当你宣布说全班要齐诵读“效忠誓言”的时候，整个教室都活跃了起来（隐性，程序）。你想起来昨晚的作业还没收，就让学生把作业交上来（显性，语义），于是学生都把作业传给前排的同学（隐性，程序）。

上述情景中，你在进行各种记忆的提取，这是大脑一种规律性的运作，记忆提取依赖于当前情景与相关记忆的联系。品克（Pinker，1999）认为，大脑能够有逻辑地提取经过反复重复的有用的信息，而且这也很省力。因为这就是记忆的原理，教师应该帮助学生按照前面所说的七个步骤重复所学知识，让记忆变得更容易被提取。不然，学生在考试中要想提取语义记忆，将会很困难，甚至是不可能的。

本章将会讲述影响学生提取记忆的几个因素，错误记忆、考试焦虑、所学内容与考试不匹配、环境因素等，这些都会影响学生长时记忆提取的能力。

什么是记忆提取

一般来说，记忆提取是指个体回忆起过去发生的事情，或先前学习过的知识的能力，这种有意识的回忆称之为记忆，因为这种记忆能用语言表达出来，所以通常也称它为可言性记忆（Squire，Kandel，2008）。日常生活中的记忆活动表现为：明确当前有用的信息和筛选已知有用的信息。正如本章开篇所述的情景一样，我们每天都在做这样的决定（Goldberg，2001）。

事实性知识的考核，是一个要确定记忆哪些所学知识的过程。例如，在一次演讲中，我先给参与活动的学生做一个基本的记忆测试，要求他们记一张单词表，然后让他们写出来。对指定内容的记忆决定权在参与者本人那里，这是高阶思维过程，而脑额叶在这一过程中起了非常重要的作用。

四年级学生在学习美国内战，迪斯小姐重点比较了这场战役中的异同点。通过韦恩图，她引导学生对各场战役中的将军、各场战役、军队制服、战争形式和战争原因做了比较。学生还根据相关的视觉表征写了学习反馈。

在整个单元的学习中，迪斯小姐进行了几次阶段性考核，学生用简短的语言解释韦恩图。为确保学生能够理解该单元中的重点生词，她举行了一次词汇小测验。而在总结性测试中，她主要为了对学生的理解程度做判断。学生在之前的测试中表现得都不错，但到了这一阶段，迪斯老师的目的是了解学生从记忆中提取知识，并以多种不同方式对知识加以运用的能力。

测试一开始有道题目是这样的："我们已经使用韦恩图比较过内战各个方面的异同点，其中一个是分析了士兵们在休战期间用以打发无聊的方式，现在请比较这些士兵和你们打发无聊的方式之间的异同。"

迪斯老师是词汇测试的出题者，她可以决定考核的内容，她帮助学生明确了学习和记忆的内容。而在口语展示环节，学生能够运用高阶思维进行演讲，他们选择了相似之处和不同之处。而在最后一次考试时，学生也有了一定的决策权，他们可以自主运用各种方法解答试题。尽管这次考试并没有硬性要求学生使用韦恩图，但很多学生都这样做了；也有的学生首先通过韦恩图把两者的异同点列出来，然后再加上了一段文字描述。在这次高阶思维测试中，学生必须掌握一些程序性知识，如分析事物的异同点、了解相关的概念性知识，如无聊的定义、如何产生的，以及无聊在两个不同年代、不同时期、不同情况下，对两个不同的人群所产生的影响。

要点提示：提取记忆是指从长时记忆中筛选有效信息，将其转为工作信息，并加以运用，以解决问题。

如何提取记忆

很多人在提取信息方面都会遇到困难，从前几章可知，你无法回忆起未经存储的信息。学生积极地参与学习活动，能促进知识的获得和记忆的存储，但如果学生无法集中注意力，其结果则是恰好相反的。信息未经存储，将无法被提取，如果我们不主动存储新知识，留作日后之用，那么，兴趣和偏爱都会影响到记忆能力，甚至是记忆的性质。当我们有意识想要记忆信息，以待以后提取，那么信息进入长时记忆的可能性就会增加。

斯夸尔和肯德尔（Squire，Kandel，2008）提出："记忆储存在脑额叶的各个区域，而脑额叶主要负责感知和处理所需的记忆。"（p.72）神经学学者认为，线索的准确性有助于提取记忆，例如，教师要求学生回忆最近看过的一部小说，提示是关于"一个寡妇再婚的故事"，这个线索包括女人、亡夫和再婚，这些信息似乎足可以唤醒记忆，但是很多小说都有类似的情节，要区分该小说与其他作品，回忆者需要的是小说所特有的方面。苏萨（Sousa，2017）说过："我们总是运用事物的共同点储存信息，但却通过区分事物的差异，提取记忆并存储为工作记忆"，或者更加具体一点，大脑依据信息的特点将其属性存入信息网络。为了能够提取记忆，大脑首先要将该信息与其他已存储的信息区分开来，例如，你对自己的好友的描述已被存储在大脑网络里，同时存储的也有其他所有好友的描述信息。为了能够提取正确的信息，大脑必须找出信息间的差异，例如，如果你在街上走，很远你就认出了一个熟人，但是可能还没有熟悉到一下子能够叫出对方的名字，当这个人走进时，大脑意识到原来这个人不是麦吉，不是卡罗琳，也不是多娜，因为这个人的特征跟他们都不相符，哦，她一定是贝蒂！对，就是她！可见，在上述小说的案例中，如果想要学生记起讨论的到底是哪部小说，或许需要提供更多的细节，比如，“你还记得那部小说吗，讲述一个妇女在内战中失去自己丈夫的故事？她来自南部，但是后来又嫁给了一个北方人？”增加的这些细节，就是这部小说的一些具体的特质。

错误记忆

这是一个简单的小测验。我速度均匀地为学生读了一些单词，让他们坐着听而不要做笔记，当然我也不要求他们听完后尽可能多地写下他们记得的词语。

“羊毛毯，打鼾，沙发，催眠曲，小睡，醒着的，打盹，熟睡，安静，打哈欠，昏昏欲睡，做梦，疲劳的。”我看了一下单词表，然后和学生聊了约20秒钟，淡化他们即时记忆中的词语。

然后我说：“好吧！如果有听到我读过‘门’这个词语的，请举手！”没有人举手。

“很好，我的确没说过‘门’这个词语。如果听到我读过‘醒着的’这个词语的，请举手，”一些学生把手举了起来，我点了点头，“是的，我确实读过。如果听到我读过‘睡觉’这个词语的，请举手。”

几乎所有的学生都把手举了起来。我摇摇头，“我没说过‘睡觉’这个词语。”学生感到很惊讶。

“是什么让你们觉得我说了‘睡觉’这个词的呢？”我问。

“老师您在耍我们，”布莱尔说，“因为您说了很多让我们联想到‘睡觉’的词语。”

布莱尔是对的，但是他没意识到我是故意给他们提供一些错误记忆的。通过上述做法，学生关于“睡觉”这一概念的系统神经元网络得以激活了。因为我提到了很多暗示“睡觉”的词语，所以他们就觉得我说了“睡觉”这一词语。

我曾目睹著名学者丹尼尔·沙克特在他的演讲中经常使用这一技巧。人们总会难免给别人传递错误的信息，因而在考虑记忆提取和考试之间的联系时，我们必须意识到这一点。客观性的考核题型包括单选题和判断题，这样的题目很容易误导学生出现记忆错误。

下面这一活动就说明了这一点：负责存储记忆的神经元网络被唤醒后，它会影响到记忆提取的过程，例如，教师告诉学生，你会提出十个问题，要求学生用最快的速度回答。教师举起一张白色的纸，问学生：“这张纸是什么颜色？”他们会异口同声地回答白色，然后老师紧接着问：“牛喝什么？”这时，大部分学生会说牛奶。一些人很快就意识到了错误，接下来或许会讨论出现这种情况的原因，这是因为他们的大脑被预先设定为能想到白色的东西。同样在限时考试中，大脑中的某些网络也会被激活，导致类似的错误发生。

因此，教师要记得提醒学生在解题前认真读题。做单选题时，先把每个选项都看一遍，因为单选题通常会包含一个题干和可供选择的三个到四个选项，但选项中只有一个是最佳答案，其他的则为干扰项。顾名思义，干扰项是用以分散测试者的注意力，这些干扰项有可能包含了部分的正确信息，如果该信息位于干扰项的开头部分，它就可能激活神经元网络，从而干扰学生把错误信息当作正确答案。

同样，学生在做判断题时，也会遇到类似的情况。题目的前半部分包含了正确的信息和部分正确的信息，但后半部分才是解题的关键。做这类题目时，学生需要认真把问题读完才能做出判断。

要点提示：激活神经元网络可能会引起学生错误的联想。

考试焦虑

考试焦虑是压力的一种表现形式。考试时，学生承受着消极压力或积极压力。考试能促进肾上腺素的分泌，这实际上也有利于记忆的提取，但是，有些学生也可能会被考试焦虑压倒。

压力心理学专家塞坡斯基（Sapolsky，2012）认为，要缓解考试压力，必须考虑以下五个因素。

1. 可预测性：学生是否了解他们所面临的考试的类型呢？他们是否熟悉所考核的内容？他们是否充分地练习了类似的题型和复习

了相关内容?

2. 可选择性：学生是否有其他选择？以便可以很简单地操作。例如，教师给出三道作文题目，而学生只需选择两道作答。

3. 掌握考试的主动权：学生可通过了解考核目标，从而进行适当的备考而获得这种操控感。

4. 社交互动：一个融洽的学习生活环境可以减少学生的考试压迫感。这时，教师还可以小组为单位进行测试。

5. 体育活动：体育活动也能减少压力。当然，这并不意味着让学生在考试过程中到处乱窜，但是，在考试之前让学生参加适当的体育活动可以帮助学生放松。

斯蒂金斯建议学生应参与到考核过程中，并提供了以下几种方式（见表7.1）。

对于考试有惧怕心理的学生，教师应常和其沟通，了解具体的原因，这会有利于帮助学生克服内心的恐惧。如果是因为学生担心在

表7.1　学生参与考核程度

低参与度 ⟶ 高参与度							
参与考核/获得成绩	可针对成绩进行提高	构建考核方案	构设评分标准	确定评分标准	利用评分表进行自我评估	了解考核/评估的作用	结合教师评估和自我评价以提高学业成绩

摘自斯蒂金斯（2001）。

考试时遗忘了所学知识，或许某些助记方法可以帮助他们找回自信；如果学生担心考试时难题无从下手，那就让学生从最简单的题目开始答卷；还有些学生答题速度跟不上，毕竟标准考试通常是有时间限制的，随堂测验也是如此。查普曼和金（Chapman and King，2000）建议教师提供给学生一些循序渐进的讲解，或者定时测试复习。他们同时也建议在随堂测试后加上一页空白纸，学生可以写下他们对测试的反馈。有时候，学生会这样说，"我学习了，但是我复习的内容都没考到！"这张纸可供写下他们所学的，你也可以在学生填写的信息上再添加上一些内容，但是不能去除（Chapman & King，2012）。

考试焦虑会对学生大脑产生什么影响呢？我们看一下一位四年级考试没考好的学生：查理。查理在州际考试前一晚失眠了，他说，他这次肯定考不好了（有人这么跟他说过，他也相信成年人跟他所说的）。他早上起床后，他妈妈为他准备了鸡蛋作为早餐，高蛋白有助于集中注意力，查理匆匆扒拉了几口饭，开始觉得有点胃胀，因为身体正在释放化学物质保护他对抗压力源。原始社会，压力源指的是野兽，当他们与野兽对峙时，身体也会释放同样的化学物质，我们现在面临的压力源完全不同于当时了，但身体和大脑的反应还是相同的。查理知道这次考试"挺重要的"，他的身体也在适应释放的皮质醇：少量的释放对身体是有益的，但是大量的释放就会提高压力值。当身体释放足量的皮质醇时，记忆储存就会做好准备采取行动了——面对压力，我们会想要奋力一搏、落荒而逃，或者僵持不动。查理参加考试时，想起来自己以前所经历的沮丧和考试失利，这使得肾上腺加速释放皮质醇，记忆储存因此关注在过去的感受上，并生成长时记忆，进而联想到了参加考试时的不愉快的记忆，查理因此无法集中注意力，因为记忆储存在紧张运行中，他无法回忆起学过的知识，因为长时记忆现在释放的是过去参加考试的情形。大多数的学生在这种情况下不会选择奋力一搏，也不会落荒而逃，但是他们的大脑的确会变得僵化而无法思考。这样的经历的确需要一些大力的人为介入。总之，在复习阶段，教导学生合理利用时间和进行计时模拟测试是很重要的（Chapman，King，2000）。

要点提示：了解学生，从而帮助学生缓解考试焦虑。

提取信息时的常见问题是，教师使用的授课方式与复习或考试要求不符，如词汇差别、复杂性程度，或者信息无法从一种记忆途径转化为另一种记忆途径等，都会导致问题的出现。

词汇

词汇问题对于标准考试和随堂测验都会有影响。在标准考试中，高频出现的词汇，也可能是很多学生所不熟悉的。波帕姆（Popham，2001）指出，在富裕的、重视教育的家庭长大的学生，“会对标准化考核中的词汇耳熟能详，因为他们的成长过程就是一直伴随着这些词汇的使用。语言类考试更是如此，成长于使用‘标准’英语的家庭氛围中的学生，比起父母的母语不是英语，或父母使用‘不规范’英语的学生，具有明显优势”（p.57）。

进行随堂测试时，教师要注意自己所使用的口头表达词汇是否存在于学生的记忆“字典”里。如果学生听到我们使用了书本上没有的词汇，而考试却出现了，这样就可能难倒或误导学生。如果考核是以识记单词或辨认单词为目的的，那么学生首先自己必须能够发音准确（Schenck，2011）。这点对于低年龄的和基础弱的学习者都是非常重要的。

苏珊在读硕士学位课程的同时，还要参与六年级的教学，她学习和工作都非常勤奋。这个学期，她选修的是课程定位。下节课，她要根据学生现有的水平，进行一个课堂测试，这个测试必须与州考核标准及其他相关标准一致。

苏珊的学生刚学完杰里·斯皮内利著的《小杀手》中的某个章节，现在她要为学生准备期末考试，考试以笔试的形式进行。在学习每一单元的内容时，她会首先给出一个学习目标指南。学生们已经分组讨论过部分章节的内容，提出了一些问题，并对小说情节进行了分角色扮演，同时也以大组的形式再次进行了讨论。班上同学都理解了小说的内容提要，了解到小说中所提到的“小杀手”是指一个10岁的小男孩，他是在小镇一年一度的鸽子节上帮助大人们扼杀鸽子而得名的。苏珊肯定学生都明白了小说强调“成长”这一主题，所以她在考试中设计了以下的问题：

• 小说中一再出现的硝烟，表明了小主人公帕默在屠杀鸽子时有着怎样的焦虑？

• 小主人公帕默在私底下非常尊重多萝西，但是却在公共场合故意忽略或取笑她。这样做的时候，他为什么会感到压抑呢？

• 为什么几乎所有的威玛镇的10岁小孩都以成为小杀手为荣，而小主人公帕默却痛恨这个传统？

苏珊对她设置的这些发人深省的问题很满意，然而学生的回答却让她相当失望。带着沮丧的心情，她把考试试卷和学生答卷拿到她的硕士班上，希望能弄个明白。大家认为考试题目的设置完全与标准相符。

“那为什么他们做得那么差？”苏珊问她的硕士班的同学们。“我感到很失望，你们应该听过学生的讨论的，他们对其中的一些章节进行了总结，对其余的也进行了释义，我们也把所学到的与自身进行结合了，我一直以为这次考试会是他们展现自己所学的大好机会的。”

苏珊的导师引导全班同学对这个考核进行了分析。首先，他们对于讲课与考试的不匹配的问题解释得过于宽松，然后导师仔细地审视了苏珊在问题设置中所使用的词语。当导师问苏珊是否使用了compelling/abhors/recurring这些词语时，苏珊记不起来了，她只知道这些概念上课都讲到了，但却不清楚自己是否无意识地使用了更为复杂的词汇，因为她要让同事帮忙再检查一遍试卷的。

教师在设计试卷时，会用到一些我们平时很自然会用到的词汇，也会以为别人肯定也会用，这是很平常的。

要点提示：在课堂语言测试和阶段性测试时，都使用讲究的学术词汇，这样一来，当在总结测试中也使用这些词汇时，学生理解起来才不会有难度。

复杂度

苏萨（Sousa，2015）区分了考核的难度和复杂度。所谓复杂度指的是处理信息和解决问题的思维过程；难度则是指处理具有一定难复杂度的问题所需付出的努力。根据布卢姆（Anberson et al., 2001）新的教育目标分类法，复杂度是指涉及思考的程度，问题越复杂，解决问题所需的思考程度就越高；问题越难，解决问题所需的努力就越多（如表7.2所示）。

表7.2　布卢姆教育目标分类法对思考过程中复杂度和难度的定义

复杂度 →						
难度	记忆 ↓	领会 ↓	运用 ↓	分析 ↓	评价 ↓	创作 ↓

提到复杂度，很多测试公司都会使用韦伯的知识深度法（Webb's Depth of Knowledge，DOK），而不是布卢姆的方法。虽然DOK模式关注的是认知需求和思考过程，布卢姆方法关注的是基于教育目标分类法中涉及的动词而设置的任务。布卢姆使用动词的方法是基于不同级别的教育目标，而韦伯则是根据不同级别的思考方式对动词循环使用。例如，DOK模式中的一级学习过程需要学生回顾所学知识，并给

出自动反应，其中回忆的认知过程为解释，这个级别意味着能够回答此类问题："这里的知识是什么？"DOK二级涉及概念性思考，这增加了复杂度，要求学生所做的不止是回忆，而是要能够回答这样的问题："我可以怎样应用这样的知识？"单词解释也是在此级别得到应用的。如果每个级别，都加以描述的话，会是怎样呢？在第一级，问题可以是："描述下谁是主要角色。"在第二级，问题可以是："描述下主要角色间的相互关系及与敌人的关系。"在第三级，要能够回答这样的问题："这个知识可以怎么运用呢？"而第四级要面对的问题是："这个知识还可以怎么运用呢？"对韦伯来说，动词的用法决定了复杂程度（Francis, 2016）。

练习和回顾知识必须与复杂程度相一致。总体来说，练习应该先从教育目标中的低级开始，对应韦伯DOK的第一级或第二级，然后进行更为复杂的练习。最后阶段的练习和最终复习，要确保复杂程度与测试题相当。新一代的测试题要求学生能够回答韦伯DOK的二级及以上的问题。

根据苏珊讲解的小说《小杀手》，表7.3列出了一些思考问题，这些问题的复杂度和难度是逐渐递增的。

要点提示：考核中试题的复杂度超出练习和复习的范围时，就会影响学生的考试水平发挥。

表7.3 用小说《小杀手》阐明布卢姆教育目标分类学

	知识	领会	运用	分析	评价	创作
复杂度	学习《小杀手》的主要人物	理解小主人公帕默因为快到10岁而伤心的原因	把小说中与鸽子有关的信息和某个互联网站上的信息进行对比	分析小主人公帕默所痛恨的传统习俗	在鸽子节杀死5000只鸽子，判断这是否是一个合理的保养公园的办法	设计一个方案，该方案在代表成年的同时，必须要满足鸽子节所起到的作用
难度	描述这些人物的性格特点	找出书中另外两个人物角色对于10岁的反应	把和鸽子有关的信息和另外三个信息源进行比较，包括一个网站上的信息	列出帕默痛恨的传统习俗，并把它们按程度从高到低进行排列	举办鸽子节所获得的收益和这些金钱的用途是否合理	为该镇居民制定这个方案的活动流程

记忆转化

这个单元的学习很顺利。佩雷兹先生通过展示电影《绛帐海棠春》的情节引入了《权利法案》，学生们从始至终都一直听得津津有味。在电影里，梅拉尼格里菲思这个角色根据《圣诞节的十二天》的曲调创作了一首歌来学习《权利法案》的修订案。学生都非常喜欢！于是，佩雷兹先生和他的学生都效仿这个做法，根据这首歌的曲调写了自己的歌，内容都是关于《权利法案》的。

接下来，佩雷兹先生还把全班同学分成不同的小组，要求每组学生都做一个关于《权利法案》修订案的直观演示，学生需要展示相关的内容，并进行讲解。为了让学生了解什么是《权利法案》的修订案，学生们还一起编排了一曲“权利法案之舞”，设计了不同的动作展示不同的内容。复习时，他们还仿照“游戏问答”这个活动创新了“修订案问答竞赛”，佩雷兹先生把全班同学分为两组，他读问题，同学们回答问题，只要回答正确，该组便有机会继续回答问题，直至他们拿到10分并把“法案补充完整”。另外，他们还用了《修订案》里的词汇做了填词游戏，这样可以帮助学生巩固对相关词汇用语的理解。最后一个活动是根据《修订案》进行角色扮演，学生们也是分组进行的。

但是，佩雷兹先生针对这个单元设计的测试却是笔试，笔试包括了选择题、判断题和简答题，学生发挥得并不好。

佩雷兹先生所设计的单元测试和他给出的教学指导并不匹配。虽然他早已确定了考核的形式，但是他在教学的过程中，却没有帮助学生把知识储存到语义记忆里，也没有引导学生运用这些知识。学生通过情感记忆（角色扮演）、程序记忆（舞蹈）和条件反射记忆（唱歌和游戏）进行知识的学习，却没有要求学生通过书面的形式对所储存的信息进行信息重编。针对该单元的考核，佩雷兹先生当时可以做出两种选择：他可以借助更多的书面练习，帮助学生将知识存储到正确的路径中；他也可以将上述的课堂活动作为课程的评估方法，辅以合理的评分标准。如果要使用第一种方式的话，佩雷兹先生可以要求学生在每次活动后写一份内容概要，或者进行同伴教学。

大脑会利用已知的线索，通过记忆对知识进行搜索，从而能够理解所接收的信息。在《权利法案》这个单元的考核中，学生大脑在搜索时遇到的是死胡同。如果单元考核能够和他们参与过的舞蹈、唱歌和游戏这些活动相结合，学生或许就能更容易地从大脑中提取信息。然而，这并不能说明佩雷兹先生的教学方法不对，因为让学生参与到学习中是非常必要的。只是，如果能在教学计划中多做几步，考试的结果就会更理想些。

要点提示：考核方式如果与教授授课方式和学生的记忆方式相匹配，记忆的提取就会更有效率。

环境，环境，环境

我当时正在体操馆训练啦啦队。这是少有的一次在大体育馆里进行课后训练，因为我们的篮球队正在小体育馆里集训，篮球教练每隔好几个星期才会把场地让出来给我们用。女啦啦队员们必须要重新调整队形，刻苦的训练让她们越来越步调一致，我在帮助她们找准自己的位置。本周六的比赛现场，啦啦队员们除了呐喊喝彩之外，还有新的舞步要练习。

“斯普伦格夫人，我们从来都没有在这里训练过，”克里斯汀紧张地说，“我跳舞的时候总喜欢盯着学校的画看，但是这里没有画！”

“克里斯汀，别担心，这个星期的每天早上我们都会在这里训练的，你只要找到另一个定位点就行了！”我回答说。

队形排好了，我正准备放音乐时，看见凯莎走了进来。我完全忘记了自己曾答应过她，今天下课后要给她补考的。

她很不乐意地看着我，“您不在您的办公室啊，我一直在等您。如果不是拜耳老师看见我，告诉我您在这里，我还是会在您办公室坐着等呢。我只能今天才能晚点放学，补上测试了。”

我为自己的健忘向她道歉，然后从打分册里取出一份试卷。问题是，让她去哪里考试呢？我自言自语道。我要在这里走不开，但是我又不想让她自己回教室考，我担心她会自己看答案的，但是，在这里考试的话又太吵闹了。我去看了一下教练室，发现里面没人。

“凯莎，去布兰迪老师的办公室答题吧，关上门，”我告诉她，“你也可以在这里答卷，但是如果音乐声太吵的话，就请告诉我。”

凯莎同意了，我继续回去指导啦啦队的训练。但是几分钟后，凯莎又回来找我了。

“已经做完了吗？”我问她，“还是这里太吵了？”

“不是因为这个，斯普伦格夫人，是办公室的问题。坐在那里，我的大脑一片空白，完全无法思考。我得在您的办公室里，坐在我熟悉的桌子旁，看着您上课用的黑板，才能进行思考。”

“可是，凯莎，黑板上面什么都没有啊，”我回答道，“黑板上没有答案的。”

“当我看着黑板时，就能想出答案，我考试时就是这样的。”她坚持道。

于是，我带凯莎去了我的办公室进行补考。这可不容易呀，我必须在啦啦队和凯莎之间来回奔波。还好，布伦德先生来到了体育馆，愿意帮我盯一下啦啦队的训练。凯莎也很快就做完了测验，而且做得挺不错的。

但是凯莎刚才说的话让我很吃惊，于是我开始留意在教室里考试的学生，我的发现很有意思。复印了学生的名单后，我开始记录学生在小测验、写作文和填写工作表时的行为表现。我发现，这班八年级的学生中，大约有30%的人会专心致志地做手头上的工作，他们在这个过程中不会东张西望；大约40%的学生则偶尔抬头看看，但并没有特意地看什么东西；另外，有15%～20%的学生则经常看一下黑板，或看一下老师；另有5%～10%的学生每隔几秒就会看一次黑板、投影机屏幕、布告栏或监考老师！而凯莎就是他们中的一个。

这个现象的调查甚具说服力。早在1690年，约翰·洛克（John Locke）就描述过一个年轻人在房间里用木桩练舞的案例。该青年发现，如果没有了木桩，他就无法记起舞步（Baddeley，1999）。就考试而言，尤其考核学生知识记忆能力的测试，熟悉的外界环境是很重要的，然而以辨认知识为目的的测试，由于本身就包括了一定的提示线索，它对环境的依赖会相对较少。

两年前，在一次州级考试中，我亲身经历了一次这种情况。附近社区的一位校长打电话给我，他对于学生不尽如人意的写作考试结果感到很担忧，所以让我和该校教师合作，找出学生考试失利的原因。我要求看一下学生在这次考试中的答卷，校长就给我提供了一些。我发现学生在考试中未能充分发挥他们的写作水平，州教育部门也并未提供明确的指引标准，学生无从知道自己的写作是否达标。

“学生是在哪里考试的？”我问了一下校长和老师们。正当别的老师查看考试安排表时，这位八年级的老师点点头，说：“学生都是在他们本班教室考试的。有些是社会科学老师监考，有些是自然科学老师监考，有些是数学老师监考的。只有我的班是我亲自监考的，我教五年级到八年级的写作。”

通过观察这位老师监考的在语言教室参加考试的学生的成绩，我得出了一个有趣的结论：很多在本班写作教室里参加考试的学生，都能达到甚至超过了写作的要求，他们就是很自然地能够写得更多。熟悉的环境和写作老师的在场，帮助他们将自己的作文和写作要求结合起来，而其他教室考试的监考老师在自己的学科领域并不要求学生进行拓展写作，所以学生们写的文章普遍都比较短。

这个事件引发了一场有关写作要求和常用词汇的讨论，没有人能确切地解释为什么这件事会在这一年发生在这些学生的身上，也许是因为考试安排和以前的不一样，又或许是因为这些学生对考试的环境更加敏感。

外出讲学时，我和学校的一些行政人员及老师们分享了这一经历，并请他们分析一下该现象发生的可能性。我们一直以为，只要学生对所学知识进行适当的练习和充分的复习，知识转化就会轻而易举，而很多案例却恰恰相反，对于有些学生来说，记忆的转化需要更多的时间才能完成，因为每个人的语义记忆的知识巩固程度都不相同。艾勤包姆和迪克森（Eichenbaum，Dickerson，2010）提出，可通过提取情景记忆片段，提炼出其中的意义，使之成为稳固的语义记忆。因为大脑发育程度、注意力集中程度、目的动机和个人经历各异，在进行高风险的重要考试时，教师理应尽可能地提供适宜的环境，帮助学生有好的发挥。

要点提示：学生考试时，所处环境如果和学习时的环境相同，他们会更容易提取记忆。

考核方式和记忆提取

回顾以下两种主要的考核方式是非常必要的。阶段性测试一般是作为对课堂教学的一种信息反馈，用以促进学生学习成绩的提高，它包括笔试、个人交流、现场展示和学习档案。总结性测试是评估学生在某段时期内学到的知识，可以是单元测试、章节测试，也可以是全国性的、州级的考试。这些测试必须和州级，或者全国的考核标准相一致。为检测记忆转化的效果，考试题目的设计应该不只是包含事实性知识，而应该是包含DOK模型中的三级或四级的复杂性思维。

绩效考核

学生通过现场展示的形式反馈所学的知识时，记忆提取取决于绩效考核的方式。丹尼尔森（Danielson，2002）提出了绩效考核的两种方式：随意性考核、系统性考核。随意性考核可以源于进入知识练习阶段时，教师对学生的日常观察。教师可以保存观察记录，也可以使用一定的评分标准。奥康纳（O'Connor，1999）主张，教师应以学生最近的一次表现作为成绩评定依据，而不应以学生的过程性表现作为评分依据。同时，他还建议，教师在开始新的单元的学习时，应与学生共同讨论制定评分方法。

系统性的正规考核应在学生展示之前做好准备，同时，还要制定评分标准，以便学生了解考核的要素。有了这些标准，学生就能应付自如，信息提取就会轻而易举，然而，教师要了解的一点是，绩效考核带来的压力，正如考试焦虑一样，是影响提取记忆能力的主要因素。如果要求学生在全班面前进行演讲，这可能会造成压力。如果能给予学生选择的余地就能减轻他们的压力，也就是说，让他们自己选择考核的方式，例如，对于那些不擅长演讲，一演讲就会有强烈不适感的学生，教师可以允许他们通过写作、录像或其他的方式来展示他们所掌握的知识。

传统考试

笔试通常要求学生在一定的时间内独立完成，而且不能使用外部资源，例如笔记等。换言之，试卷本身应该包含足够的提示线索，可以帮助学生回忆事实性知识、概念性知识和程序性知识。因此，试卷必须要有合适的形式，确保要考查的知识点都能涵盖到。例如，“构答—反应”型的考试，像写作考试，可以用于评估学生运用高阶思维进行分析、运用、评估问题的能力。不同类型的知识考核可能需要不同的形式，如事实性知识、程序性知识和概念性知识，需要设计相应的题型（Danielson，2002；Stiggins，2004）。

“选择—反应”型的考试包括选择题、搭配题和判断题。这样的考题主要是考核学生提取事实性知识和独立的概念性知识的能力，当然，这种“选择—反应”型的考试也可以用来考查学生分析、应用和评估已学知识的能力。

“构答—反应”型的考试要求学生独立组织答案，而非选出最佳的答案。考试题型包括填空题和写作题，这样类型的考试可以从更宏观的角度衡量学生理解概念的能力、解决问题的能力和高阶思维的能力。

要点提示：考核方式的选择是否得当，是决定记忆提取成败的关键。

记忆提取失败

如果教师在教学过程中使用本书所讲的七个记忆步骤，但是仍然有学生在提取和理解知识上没有达到预期效果，教师应该怎么办呢？可以根据下述问题进行自我反思。

1. 你是否退后一步了呢？你开始讲课时，是否就是以最终的教学目的入手的？如果教师能根据教学目标、持久的理解力和关键性问题等要素来设计考查内容，学生就能相对顺利地提取记忆。但是，教师有时候在单元学习过程中，会改变教学的方向。

2. 学生在学习过程中是否有进行过反思呢？你是否总感到时间

不够用，而省掉了反思时间呢？教师应该查验一下自己教学中的反思习惯。课程内容时常被人诟病，在知识的广度和深度上都不理想。教师应该给学生机会，让他们可以通过反思，进而建立知识间更深层次的联系。

3. 你是否有帮助学生进行了足够的知识巩固呢？研究发现，对学生成绩的提高有关键性影响的因素，是教师讲课过程中对讲授的知识进行巩固（Cotton，2000）。因此，查验一下自己是否给学生提供了足够的反馈，帮助他们纠正误解，强化记忆？即时反馈可以通过同伴互评或基于计算机的授课巩固来实现。

4. 你是否制定了不同的练习策略，满足不同的学生的需要呢？差异化教学是亟须开展的，查看一下自己多模式学习中的知识运用策略。如果发现需要重复讲解授课内容，教师应尝试第一次讲课时没有用到的新方法，从而满足学生的需要，使大多数学生都能克服弱点，发挥所长。

5. 你是否定期给学生进行复习呢？教师可以查看本书在第六章对定期复习做的图表诠释。教师务必要把复习贯穿于整个单元的学习中。如果不确定学生是否理解了所学内容，此时便可以插入复习时间，然后再继续下面的教学。

6. 你是否对自己的教学经历进行过反思呢？我对自己的教学从来不会觉得满意，因为为人师就是个教学相长的过程，每次讲课也都会做出调整和改变。因此，要提高教学质量，唯一的途径就是不断地反思，并适当地调整教学模式。如果教师需要重复讲解知识，或重新考核学生，也不要自责。研究者发现，对于那些想完全掌握所学内容的学生，再次讲解对他们来说是必不可少的（Cotton，2000）。

记忆提取对记忆的影响

长时记忆中的信息转入到记忆储存中，使得我们可以建立新旧信息间的相互联系，进而把概念性知识和程序性知识重新运用到新的不熟悉的情境中。斯夸尔和肯德尔（Squire，Kandel，2008）说过，即使有些知识在一开始学得很好，遗忘也是会逐步发生的，记忆通过提取我们所接触到的信息的意义来发挥作用。

通过不断的重复练习和复习，大脑会逐渐形成记忆，然而，也会随着知识运用的阶段对原有的记忆进行修改。再者，以知识提取为目的的考核方式也有可能改变原有记忆。

每次提取记忆，都是对记忆的再建构和再回顾。如果在知识运用阶段，学生可以运用高阶思维对记忆进行再次塑造，学生便可以基于这样的经验，在熟悉的情境中再次运用所学知识。

思考

1. 掌握快速有效提取记忆的技巧，能够帮助学生建立自信。教师在授课过程中，应怎样强化每个学生的自信呢?

2. 有些学生在知识加工和知识提取方面总会比别人慢一步。教师在课堂上，可以怎样为学生创造一个最佳的学习氛围，以有利于他们更快地提取知识，参与考核呢?

3. 时常提醒自己：你所接收到的信息能否证明学生对知识的持久性理解和你的教学策略相一致呢?

4. 了解一下学校组织的州级测试，这些考试题目对应韦伯DOK模型中的几级水平?

第八章

优化教学

卡罗琳今年还是教写作。她教七年级的学生，学生今年不用参加写作统考。卡罗琳在班里成立了一个写作工作坊，她认为写作是一个循序渐进的过程，通过参加工作坊，学生会清楚地看到自己的进步；通过小组成员间的合作交流和讨论建议，她希望借此培养学生的专业写作能力。根据多年的教学经验，卡罗琳已经制定出一套自己的写作标准，而评价学生写作已经是习以为常的事了。

一天，新上任的校长来到卡罗琳的办公室，递给她一份国家教育委员会发布的传单，是有关如何采用国家教学大纲教授写作的研讨会。校长让她和其他几位教授语言的老师去参加会议。

研讨会当天，卡罗琳相当吃惊，因为她发现自己的写作标准与国家的要求并不相符，有很多方面都是国家要求考核的重点内容，但是她都忽略了！因为她任教的那些年都刚好是免考学年，所以从来没人给她太大的教学压力。而且按她的标准来看，学生的写作已经取得了很大的进步，但研讨会过后，卡罗琳发现自己的教学还有很多不足。

研讨会结束的第二天，卡罗琳去上课的时候，带上了这份写作指南和一叠讲义，讲义里对大纲的每一项要求都进行了解释。虽然她有这些材料，但是要把这些标准都运用到教学里却并非易事。当卡罗琳把材料发给学生，逐一进行讲解时，她发现了这份大纲和自己的标准也有相似之处。她也尝试着在Writing Matters网上记录下教学的点滴，并与国家标准结合起来。

开始时要做出改变很难，但好在后来一切都步入了正轨。卡罗琳对教授写作的预期目标也改变了，通过很多的努力和尝试，卡罗琳成功地把对大纲的学习过程转变为了新的写作教学过程。

我们都会有这样的经历，从一开始的一无所知，彷徨无措，到后来的渐入佳境，能力信心兼备。高中时代，我第一次听到这样的话："大一新生不懂，也不知道自己不懂；大二学生不懂，也知道自己不懂；大三学生懂了，但还以为自己不懂；到了大四，懂了，也知道自己懂了。"

这样的经历，对于教育工作者和从事其他职业的人们也是同样适用的。没有科学的学习模式和学习方法作为指导，我们都不知道问题出在哪里。通过不断学习，我们才会意识到自身的不足。专业进修给教师提供了一个学习的机会，但是在把所学的理念真正贯彻到实际教学当中之前，我们都不能说自己已经懂了。只有通过实践，我们才能懂得如何教学，提高教学技能。

七大步骤的小结

重复记忆对大脑很有益处；至少，当学生提醒我在课上重复了自己说过的话时，我就是这样对他们说的！下面是我对各个步骤所做的小结。

第一步：了解学生

要激发学生学习的动力和关注力，教师现有的技巧并不需要“彻底打乱重来”，只需要对当前的教学计划做一些小小的调整即可，因为学生对于新奇事物是非常感兴趣的，青少年尤其需要学习的新鲜感和了解新事物（Armstrong，2016）。大脑的各个部分共同协作，对新鲜事物作出反应，这也应该是我们了解和教授学生的一种方式。通过第一章的学习，我们得知下面这几点有助于我们了解学生，帮助学生形成长时记忆，并将信息转移到感官记忆里。

- 注意力
- 学习动机
- 学习热情
- 学习意义
- 人际关系
- 学习新鲜感
- 先行组织图
- 知识关联

要点提示：如果教师不“了解”学生，就不能“教好”学生。

第二步：反思知识

教师需要给学生一些时间，让他们建立知识间的联系。这里给教育工作者提出了三个需要注意的时间概念：等待时间、关注时间和反思时间。学生通过反思，能够从大脑中搜索已知信息的记忆，并与当前主题联系起来。通过从工作记忆中调用新知识，学生会找出新知识与原有知识之间的关联，使其转变为长时记忆。这样，学生就可以把新的知识串联起来。此处，再强调一遍关于培养学生反思能力的七个建议：

1. 提出问题；
2. 视觉化呈现；
3. 记录学习体验；
4. 定向思维引导；
5. 学习成效图标；
6. 合作式学习；
7. 四角反思。

要点提示：反思不是奢侈品，而是必需品。

第三步：重编信息

当信息存储在记忆中的时候，必须给学生机会使用自己的语言对其进行重编。研究表明，经过重编的信息会记得更牢，如果学生能够对概念知识进行诠释，他们就能将其转为长时记忆。如果学生不理解所学知识，教师就应该及时纠正错误理解或重新讲解一遍。这是一次利用科学方法帮助学生提高学习成绩的好机会。下列策略可帮助学生重编信息：

- 诠释信息
- 举例说明
- 分类信息
- 概括信息
- 推导信息
- 比较信息
- 解释信息
- 使用非语言表征

要点提示：经过重编的知识信息更易于记忆。

第四步：巩固反馈

在巩固反馈阶段，教师要让学生明确自己是否已经理解了所学的事实性知识、概念性知识或程序性知识。对于学生的重编过程，不宜进行打分，而应给予合宜的反馈意见，这样教师就可以帮助学生消除错误的认知。在本阶段使用的三种反馈意见包括：动机性反馈、信息性反馈和发展性反馈。

要点提示：反馈对学习至关重要。

第五步：运用知识

当学生能够用自己的语言对概念性知识、事实性知识或程序性知识进行诠释的时候，他们就可以把知识转为长时记忆。本书共提及五种记忆类型、各式各样的学习方式和多种助记方式可供使用。机械识记适用于事实性知识的记忆，而意义识记的信息量更大。多进行各种不同的练习，对长时记忆的形成是非常重要的，因为学生对知识进行准确的诠释后，他们只是在大脑中建立了知识的神经元网络，这些神经元网络还没有建立起深刻的接触点，要经过反复的练习和实践，大脑才能形成长时记忆。这个阶段是把信息从工作记忆中提取出来，并把它储存在大脑的各个区域里，以便随时随地地提取所需知识。该阶段需要牢记的概念包括：

- 机械识记
- 意义识记
- 睡眠休息
- 定期复习
- 作业与实践
- 多样化的记忆类型
- 多样化记忆途径

要点提示：运用知识越充分，记忆知识越牢固。

第六步：复习知识

反复练习可以促使信息转为长时记忆，而复习知识则是提取有效信息，并使之进入记忆储存的过程，经过处理的信息又会再度转入长时记忆。复习的时间安排是很重要的，刚开始的复习间隔时间不能太长，慢慢地可以延长间隔时间。以下是给出的几点建议：

- 复习必须要和教学及考核相一致。
- 要检验记忆的准确性。
- 为学生提供机会，使其可以使用高阶思维，去分析、评估和创造运用知识。
- 复习是对现有知识网络的巩固。
- 为应对高难度考试，应让学生在相似的环境中进行模拟练习。
- 要避免填鸭式的复习。

要点提示：若没有及时复习，大部分信息将从记忆中流失。

第七步：提取记忆

提取记忆是指从长时记忆中筛选有效信息，使之进入工作记忆，并用以解决问题。这是记忆构建的终极目标。

记忆提取依赖于语境和相关的提示线索。当信息出现的语境与学生学习知识的语境相一致，相关的提示线索也能找到时，学生就能成功地提取记忆。这个阶段包含了以下这些概念：

- 考核类型
- 记忆提取的线索提示
- 促进知识再认的方法
- 促进知识回忆的方法
- 压力

要点提示：记忆提取依赖于暗示线索。

元认知

通过对这七个记忆步骤循序渐进的学习和应用，学生开始了解自己是如何学习知识和记忆知识的，进而，学生就自然会在学习的过程中进行反思，有人认为这既是元认知的过程，也是对思想进行反思的过程。我们在完成某个任务后，通常会进行反思，这样做本身很不错，但是元认知不单单是反思。苏萨（Sousa，2017）认为，“元认知指的是更高阶的思维，即个体在学习过程中对认知过程进行有意识的调节（p.30)。”马扎诺（Marzano，2017）认为，个体在致力于完成复杂任务时，元认知会参与到其监管执行过程。马扎诺列出了以下可以教授给学生的元认知技能：规划目标，并进行调整；在答案和解决方案并不明朗时依然保持专注；拓展个体知识和技能的极限；创造并追求更优异的标准；追求进步、准确、清晰，拒绝冲动，追求衔接与连贯。马扎诺针对这一系列的技能也给出了一定的范围和次序。

该书所讲述的七个步骤都有助于教师向学生讲授元认知技巧。在本书中，我一直反复强调思考的重要性，无论是在每个记忆步骤后，每次练习后，还是每次复习后。通过对自己所知的、所不知的以及如何才能更好地学习未知等这些方面进行反思练习，学生就可以做到将知识加工到合宜的阶段或步骤。当学生在每个记忆步骤都进行反思时，他们就开始思考自己在每个步骤该怎样做。当学生们思考自己怎样可以更好地学习，并通过各个记忆步骤使所学知识成为长时记忆时，他们在使用的就是元认知技能。本书的目标是要帮助学生对知识形成牢固的长时记忆，并实现记忆的转化（如表8.1所示，记忆的七个步骤总结）。

开学第一周，我就给学生讲解了大脑是如何学习和记忆的。我分享了形成长时记忆的步骤，还有一些助记窍门。然后用一些简单的测验来考查他们的记忆能力，使他们对自己充满信心。在开始新单元的学习前，我会明确学习目标，并讲解我们将会通过怎样的方式学习，才能使新的事实性知识、概念性知识和程序性知识转为长时记忆。

我喜欢问学生："你是怎么想的？"我要求学生了解自己的思考过程，并能表达出来。一旦他们能够表达出自己的想法，他们就会想出问题，从而生成个人的元认知，并能够对学习进行自我调节。

我还整理了一份"如果—那么"表格（如表8.2所示），用于帮助

表8.1 记忆的七个步骤总结

步骤	特点	记忆处理
1. 了解学生	注意力 学习动机 学习热情 学习方式	感官记忆 → 即时记忆
2. 反思知识	提出问题 合作学习 发挥想象	即时记忆 → 记忆储存
3. 重编信息	自我诠释 运用表象 相互切磋	记忆储存
4. 巩固反馈	反馈意见 二次教学 独立创造	情感记忆
5. 运用知识	知识重复 机械识记 意义识记 规律复习	记忆储存 → 长时记忆
6. 复习知识	与教学一致 预测问题 突发问题	长时记忆 → 记忆储存 → 长时记忆
7. 提取记忆	考核测试 线索暗示 考试压力	长时记忆 → 工作情感记忆

表8.2 了解学生需求的“如果—那么”表格

如果学生无法再现教材内容……	如果学生不能对客观性知识、概念性知识进行自我表述，但却能重复老师的话语……	如果学生在复习时无法回想起知识点……	如果学生在模拟考试时无法回想起有关知识……	如果学生只能对知识进行简单再现，但无法随意回忆……	如果学生无法对知识进行运用……	如果学生能对知识进行运用、分析以及评价……
请返回第一阶段，了解学生	请返回第二阶段，让学生对所学知识进行反思	请返回第三阶段，让学生对知识进行重新编码	请给学生一次以知识再认为目的的测试	请返回第三阶段，用另外一种方法帮助学生对所学知识进行重新编码	请返回第四阶段，让学生巩固一下所学知识，并给他们提供一些阶段的反馈信息	请进入第五阶段，帮助学生对知识进行反复运用，增加练习的创新度和复杂度；也可以进行复习、考核或继续新知识的学习

学生了解自身所处的学习记忆阶段，进而明确下一阶段努力的方向。学生还可以参考此表进行自我测评。当学生了解了记忆的形成和自身所处的阶段时，他们就会知道下一步该做什么。

要点提示：当我们自问“我是怎么想的”，个人的元认知便形成了，并能对其进行调节。

教师对当前研究的关注

所有的教育工作者都应该对教学方法的科学研究保持关注，同时，也应该关注大脑学习和记忆的最新的认知科学研究。如威利斯（Willis，2012）提出：“当教师运用基于神经科学认知的教学法时，学生在课堂上的表现会令人振奋。这样做相当于是将熄灭了多年的学习的热情重新点燃了。”申克（Schenck，2011）认为，学生75%的表现基于之前的复习和考试成绩，即学生的学习动机、注意力、重编信息、巩固反馈及反复练习构成了学生成绩的四分之三，另外的25%则来自复习和测试汇总出来的分数。

教育工作者应对最新研究及相关刊物保持关注，这些知识可以提高教师的教学水平，进而帮助学生记忆知识和理解知识。对最新研究的了解可以使一名教师成为专家。具备了相关的背景知识后，教师就能够选用适当的教学手段，吸引学生对学习的专注，并加深他们对知识的理解。实验性研究为教师提供了当前研究趋势的纵览和建议。而案例分析型研究则给教师提供了一些新的可供参考的教学方法和考核方法。用时多年的跨区域性研究可用以区分两类学生的成绩，一类学生的成绩是具有代表性的（例如，同一个年级的学生），而另一类学生的成绩则受到了教学及其他因素的影响。另外的一些研究，像研究两者关联的报告，则会用以说明变量因素是如何互相影响的。

学校给教师提供专业进修的机会，表明了学校管理者专注的不仅是学生学习成绩的提高，还尽力满足教师的需要。但是这并不意味着教师“不称职”，这恰恰表明了教师通过学习最新知识和完善教学方法，不断提升自己，帮助学生更好地掌握知识。短期的进修或许可以给教师带来一些可行的教学策略，但是长期培训的效果更明显，它不仅可以给教师提供教学反馈，还可以帮助教师改良落伍的教学方式，形成自发有效的教学模式，这是教学发展的必然趋势。如果教师在实施新教法的过程中遇到了困难，他们很容易会倾向于旧的教学方法，即使旧方法效率并不高。要持久地理解知识，学生需要反复地练习和获得教师的反馈。教师要把可行的教学方法贯彻到实际工作中，他们需要通过反复地尝试和听取学生的意见来提高教学质量。

要点提示：教师必须关注当前的科学研究，尤其是和大脑学习、记忆及知识转化相关的研究。

学生是否应该留级

如果一名学生因掌握的知识不足，无法在州级或全国性的考试中达标，该学生是否应该留级？在责任制的时代，留级是因为知识不足，还是因为分数不够呢？让学生留级是否对他们的学习有帮助？这一点值得怀疑。课程发展监督局（ASCD）于2004年做了一项有关关注力与成绩的调查，在其概要中指出："学校就学生的升级问题提出了更加严格的要求，如果学生的学习成绩无法达标，特别是阅读和数学这两科没有达标时，学生就得留级。"然而，研究阅读的学者萨利·谢维兹（Sally Shaywitz，2003）则认为留级是没有成效的做法，根据她的研究，没有经过留级的学生在学习上和感情上的表现都更为出色。

阅读专家黛布拉·约翰逊（Debra Johnson，2001）就"自动升级和留级"为主题对相关文献资料进行了一次回顾。她发现留级会影响到学生在学校的行为、态度以及出勤。当前的文献资料和教学实践就学生留级问题提出了以下五种选择方案：

- **强化学习**：制定严格的标准、清晰的目标和丰富的课程安排，为学生提供知识渊博、教学经验丰富的老师，创造更丰富的学习体验。
- **组织教师进行专业培训，提高教师技能**：持续、有效的专业培训在很大程度上影响学生的学业发展。
- **教学多样化选择**：可以采用随堂测验、差异化教学以及脑兼容教学等。
- **考核和反馈**：阶段性的考核和总结性的考核可以为教师和学生

提供教学和学习的反馈。

- **及时解决问题：**为学生提供更多的教学指导，以及一些可供选择的学习方法。

本书的目的是帮助学生对所学知识形成有效记忆——学生掌握了足够的知识，可以提高学习成绩，避免留级。留级对学生情感方面造成的创伤是非常大的，塞弗恩纳（Sevener，1990）认为留级给孩子带来的心理压力不亚于失去双亲或失明。教师和学生只要遵循明确的教学目标，对所学知识进行反思、练习、巩固和复习，学生就会在相关的情境中提供相关的信息。教师应该将课堂考核和高难度考试成绩相结合，来判定学生是否可以升级。但是，教师的教学目标是帮助学生将所学知识记住，并能成功转化。

教师和学生都可以做到，取得更多的成功

知识记住得越多，学生就会更努力学习。在此，我建议教师让学生对自己的学习情况进行描述，了解他们是如何学习自己感兴趣的知识，又是如何在这个领域里面表现卓越的，教师可以告诉学生，学习是遵循一个模式的。当学生一步一步将所学知识转化为长时记忆时，他们就会取得一次又一次的成就。每前进一步，教师都可以帮学生对所学知识进行巩固，也可以通过信息性反馈和直观演示来展现学生所取得的成绩，并让他们享受成功的喜悦。

学生的学习取得进步，教师也会充满成就感。学生对学习充满热情，教师对学习和记忆原理了解得更清晰，这就形成了一个良性循

环。在此过程中，学生会更容易找出问题，并想办法解决问题。

鼓励各位从现在开始，迈出第一步吧！

思考

1. 当你自己的学习曲线在七个步骤中逐步上升时，请仔细思考一下自己的学习过程。学习过程中的哪一阶段对你而言是最容易的？当你在学习中遇到困难时，你是从哪里寻求帮助的？

2. 你对当前相关领域的研究熟悉程度如何？或许你可以尝试在学校里开办一个读书研讨小组。

3. 你对自身的职业发展有何看法？了解下自身的需要，然后与同事就这些方面交换意见。

4. 你就职的学校是否面临教师流失的问题？你所处的地区能为教师提供何种咨询和帮助？

5. 你是否愿意加入一个教师的行业协会或一个学习小组，为统一教学标准和教会学生记忆贡献自己的力量，从而帮助更多学生取得学业上的成功？

附录A

大脑简介

本附录描述了脑部的基本结构和主要功能，这有助于帮助读者了解记忆原理和记忆过程。

脑叶

脑部主要由四个脑叶构成（如图A.1所示），分为两个半球（左半球和右半球），而且两个半球都有叶干。左半球的作用主要是处理细节信息，右半球的主要作用是负责处理综合信息。由于记忆存储

图A.1 脑部四个主要叶干，视觉性语言中枢和运动性语言中枢

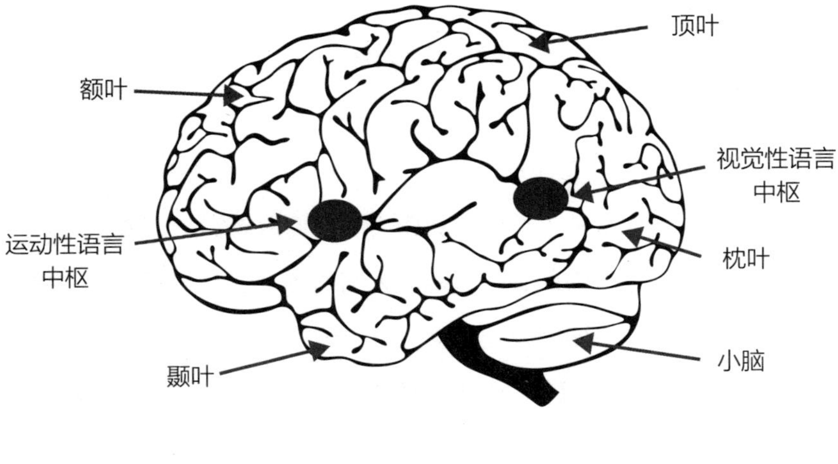

在大脑的不同区域，因此读者非常有必要了解大脑各部分的构造及其功能。

顶叶：顶叶位于后脑的顶部。感官刺激、空间意识及解决问题的能力都与顶叶有关。

枕叶：枕叶位于后脑的中部。枕叶的作用是负责处理视觉方面的信息。枕叶里储存的信息（无论是事或人物）能够解读新接收的信息，从而帮助大脑认知所看见的世界。

颞叶：颞叶位于大脑两侧，耳部上方。颞叶的作用是负责处理听觉信息、记忆信息及语言信息。

额叶：额叶位于大脑顶部和前额后部。额叶是整个大脑中的最大部分，作用是处理管理信息，譬如工作记忆、高阶思维、未来规划、决策和选择。

要点提示：记忆分布在大脑叶干的每个部分。

脑部结构

大脑里很多不同功能的结构组织都与记忆有关系（如图A.1和图A.2所示）。尽管大脑每个部分的功能均不同，但事实是，大脑是系统管理中心，管理着身体的各个系统。大脑的各个部分相互协作，共同完成任务，帮助我们学习及记忆。

类扁桃体：类扁桃体的结构形似核桃仁状，正好位于大脑的中

图A.2 大脑的主要结构

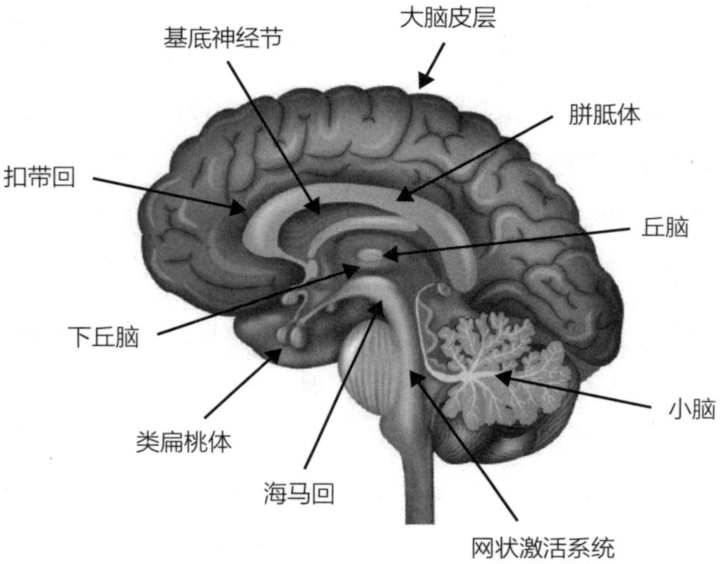

间，属于大脑边缘系统的一部分。类扁桃体的作用是处理情感信息，类扁桃体首先对获取的信息进行过滤，然后把信息储存在大脑中，目的是为将来之用。

扣带回：扣带回位于额叶。注意力、情感、动机和记忆都与扣带回有关。

基底神经节：基底神经节位于大脑皮层底部，作用是处理大脑中部分的记忆信息，属于大脑反射系统的一部分。有关研究表明，基底神经节是学习时序信息的主要区域部分（Bdenark，Campbell，& Cunnington，2015）。

运动性语言中枢：位于左太阳穴下面。运动性语言中枢与语言的产生有关，包括词汇、句法及语法（语言表达）。

小脑：小脑位于后脑枕叶后面。传统上，人们以为小脑的作用只是维持身体平衡，但最新的研究表明，小脑在协调运动及思考过程中也扮演着重要角色（Sousa，2017）。

胼胝体：位于左脑和右脑中间的一束神经纤维。胼胝体连接着左脑和右脑。

海马回：在类扁桃体附近，埋在颞叶里，也属于边缘系统。海马回的作用是负责处理事实性信息，同时，海马回在将短时记忆转变为长时记忆时，也起着重要作用。

大脑皮层：大脑皮层位于大脑最上面，厚度为八分之一至四分之一英寸。大脑皮层的每个叶干里存储着人们各种各样的记忆。

网状激活系统：位于大脑的底部，主要作用是控制身体的刺激反应。额叶、大脑边缘系统、脑干和感觉器官的连接就是由网状激活系统完成的。海马回也和网状激活系统连接，当外界刺激传入时，海马回能够将刺激信息与过去的记忆相比较，并且能够判断出是新事件还是普通事件（Sousa，2017）。

丘脑：丘脑位于大脑的正中间，有专家认为它属于大脑边缘系统的一部分。这个组织的作用是过滤所有接收到的感官信息，并将这些信息传递给脑叶的相关区域。

视觉性语言中枢：该中枢位于大脑左半球，与语言理解能力有关（语言接收）。

要点提示：大脑中的很多结构组织都参与记忆存储及记忆提取的整个过程。

信息高速公路

人的所有感官信息都是通过脑干进入大脑的，但是嗅觉除外，嗅觉不通过脑干，直接进入大脑边缘系统。这就是气味总是能够唤起人们强烈回忆的缘由——因为嗅觉与类扁桃体和海马回直接相连。

大脑的第一个过滤组织是网状激活系统，通过筛选信息，网状激活系统能够判断应该注意到哪些刺激，但是，它是如何判断需要注意到的那些刺激呢？它是根据如下的一些基本原则来判断的：首先，也是最重要的，满足生存的需要（当你肚子饿得咕咕叫时，是不是觉得很难集中注意力？）。其次，好奇心。最后，选择权，对于想要关注的事情，我们是有选择权的，就像现在，我坐在电脑前打字，除非我关注到手指触摸到了键盘，否则，手指触摸键盘这个信息就被忽略掉了，但是，如果其中一个键粘了糖浆，我的注意力则会立刻集中在这个键上（这个键实在太黏了！）。在讨论注意力这个要素时，我们需要特别关注网状激活系统所起的作用。

信息通过网状激活系统传递给丘脑。就像过去的电话接线员所起的电话接通作用一样，丘脑的作用是把信息和传递的终端联系起来：信息传递给枕叶，听觉信息传递给颞叶，等等。每个脑叶都有独立的大脑皮层，该区域能够对传递的信息进行分类，并将此信息与原有的信息联系起来。经过分类后的信息会返回到大脑中部，并由海马回和类扁桃体进行过滤。如果是事实类的信息，海马回就会将其储存，并将此信息转化为长时记忆，存储在大脑皮层中。如果是情感类的信息，类扁桃体就会对其进行过滤和分类，之后，保留下来的信息就会重新上传至感官区，转化为长时记忆。

大脑细胞

大脑的重量大约为三磅，包括各种各样的脑细胞，其中细胞总数的10%称为神经元细胞（如图A.3所示），主要作用是负责学习及记忆储存。神经元细胞依靠电解质连接起来，组成系统网络，当这些网络被激活时，就可以用于记忆储存了。

树突是神经元系统的其中一个结构，打个比喻，就好比一棵树上的某个分枝。树突的作用是从其他的神经元接收信息，树突接收到信息后，转而把信息传递给细胞体，这样信息就会沿着形似树桩的轴突下传，最后传到其他神经元的出口。每个神经元均只有一个轴突，但有很多个树突。轴突为了传送各种信息，还有个“根”，即轴突末梢。信息离开轴突后，会变成一种化学物质——神经递质。神经递质穿过突触，与另一个神经元的树突连接。

我们所说的神经元“被激活”了，就是指神经元在进行信息传递（如图A.4所示）。而我们说神经元处于“休眠”状态时，则是指当神经元的活动没有节律性、没有目的性时（尽管大脑中常常发生脑电

图A.3 神经元

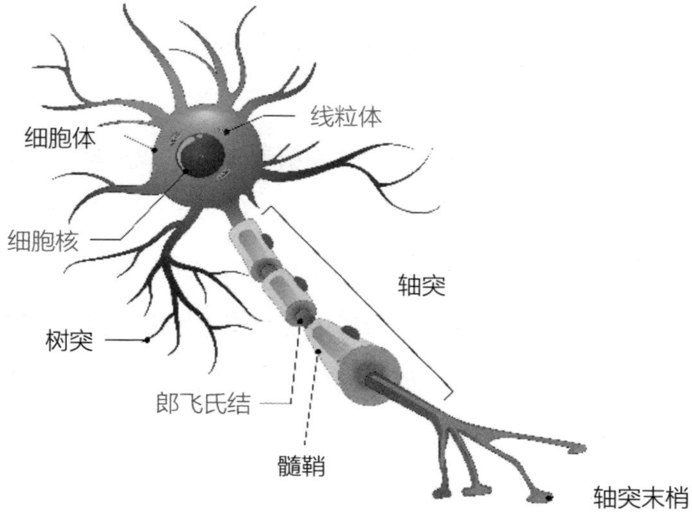

图A.4 神经元之间的交流

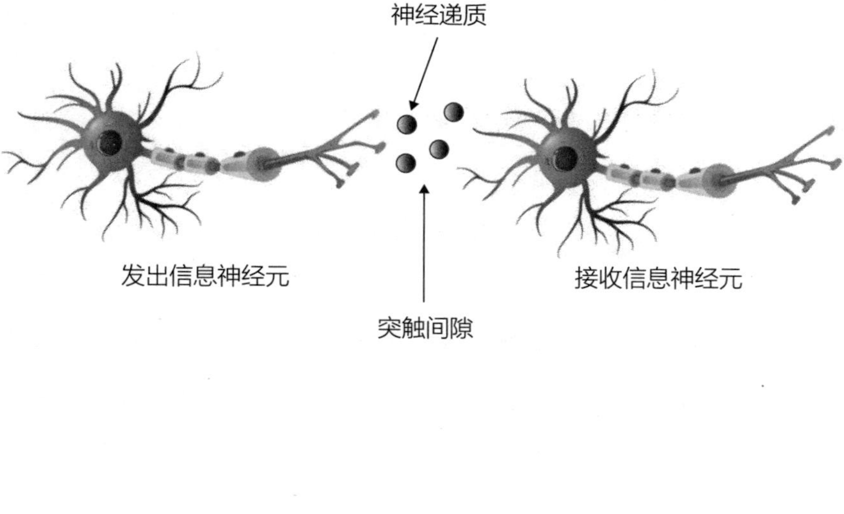

波活动——神经元常常放出低电流的脑电波)。神经元网络是指神经元细胞共同对信息进行处理和传递，这些网络共同组成了大脑传递信息系统。综上所述，储存信息必须激活神经网络，我们的身体里存在着无数这样的网络。

大脑里其他90%的细胞称为神经胶质细胞，胶质即“黏性”，胶质细胞能够帮助神经细胞实现他们的许多种功能，胶质细胞能够支持神经细胞发挥作用，胶质细胞还能确保神经细胞的代谢及营养供给，起到诸如保护细胞、传递养分和消化废弃物等作用。胶质细胞是神经细胞之间相互交流的桥梁，如果没有胶质细胞的存在，记忆的储存也会受到影响（Sousa，2017）。

髓鞘是另外一种胶质细胞，能够提高神经网络中细胞之间的信息传递速度。髓鞘是一种白色脂质，分布于大脑的各个部分，并随着个体的成长而成长（Armstrong，2016）。人一出生时，大脑中某些区域里就已经有髓鞘了，譬如，某些听觉区域、运动区域及哺乳反射区域，而前额正下方的前额叶是最后一个被“髓鞘化”的区域。当髓鞘充满人的大脑前额叶后，人的能力会发生一系列的变化：决策能力、计划能力和其他相关的高阶思维能力都会骤然提升。但是，人要到20～30岁才能完成大脑前额叶的“完全髓鞘化”!

化学物质

神经细胞之间进行细胞传递并建立神经网络，这是一个电化学过程。在神经元细胞内部发生的是一个电解的过程，但是神经元细胞之间的信息传递则是化学物质交换。这些存在于大脑里的大量化学物质称为神经递质。为帮助读者了解记忆的形成，本附录将对其中一些神经递质进行解释。

乙酰胆碱：把信息转化为长时记忆，乙酰胆碱起了非常重要的作用。睡眠时，乙酰胆碱的浓度会升高，这就从理论上很好地解释了：充足睡眠会有助于记忆的巩固。

多巴胺：多巴胺是大脑中一种具有多种功能的神经递质，我们还在基底节区发现了属于反射系统的多巴胺受体。该反射系统深深地影响了人们长期决策和记忆储存，它会影响运动、学习、愉悦及记忆巩固（Sousa，2017）。

内啡肽：该神经递质通常与体力消耗到极限时所释放的兴奋感有关，即“跑步者的愉悦感”，它对学习和记忆都至关重要。

丁酸（伽马——氨基丁酸）：伽马——氨基丁酸是一种具有镇静作用的神经递质，可以防止大脑对刺激反应过激。当伽马——氨基丁酸的浓度过低时，人体就会产生焦虑。这种物质是参与学习和记忆过程的主要化学物质（Laviv et al., 2010）

谷氨酸盐：这种刺激性神经递质可以激活学习和记忆系统。

去甲肾上腺素：大脑形成新的记忆，并把该记忆转化为长时记忆时，都需要去甲肾上腺素的参与，因为它是原发性神经兴奋所需要的神经递质，使机体产生动力，提高警觉性和集中注意力。

血清素：血清素是一种起镇静作用的神经递质，在调节记忆和学习能力，以及食欲和体温方面起着重要作用。血清素过低会出现失眠、抑郁，诱发攻击性行为，而且会加剧对疼痛的敏感度。保持血清素的平衡有助于集中注意力和做出正确的决策。

要点提示：记忆储存在神经元网络里，该网络是通过神经递质进行信息电化传递的。

探索记忆

感官记忆

所有的信息都是通过某种感官，如味觉、嗅觉、视觉、听觉和触觉进入大脑的，而感官记忆非常短暂，它们只能持续几秒甚至更短的时间——这仅仅足够让大脑意识到所发生的事情。丘脑把感觉到的信息传送到相应的大脑皮层后，零碎的感官记忆会被传送到海马回区域，海马回把这些感官信息重组成一个完整的事件。对感官记忆的加工会使其进入记忆的下一个阶段，即留在即时记忆里（Sousa，2017）。

即时记忆

感官信息进入大脑后若被关注到，将可以保持大约20秒。有人称该记忆过程为自觉记忆或短时记忆，而短时记忆可以分为两种，即时记忆和工作记忆。

看到一个餐厅的电话号码后，还能凭记忆拨打该号码，这就是即时记忆，但如果这一过程被打断了，我们就会忘掉这些数字，然后重新查找电话号码。即时记忆的数字记忆能够达到7位，并能保持约20秒。

积极工作记忆

从即时记忆中提取信息并对信息进行加工，这一过程包括了工作记忆的激活。工作记忆为复杂的认知任务提供临时的储存空间、实践以及加工时所必需的信息（Baddeley，1999）。增加工作记忆容量可以帮助学生在标准化测试中发挥出更好的水平（Klein，Boals，2001），因为工作记忆会从长时记忆里提取信息，并找出与当前所要解决的问题相互联系的信息。工作记忆可以储存信息达数小时、数天甚至数周，为使信息转变为长时记忆，必须要赋予该信息某些意义。换言之，该新信息和先前存储的信息必须有一定的联系。

在学校里，学生解决数学问题，进行短文写作，阅读故事和课文，他们都要用到工作记忆。通过保持和整合工作记忆里的信息碎片，学生创新思路，提出假设，并解决问题。

长时记忆

信息经过充分的加工后，在大脑中被完整地保留下来，这种记忆称为长时记忆。顾名思义，这种记忆是永久性的。在大脑中建立起知识网络，并对知识进行反复运用，就会激活长时记忆，并使记忆提取更为便捷。

如果过去的知识经验和新信息之间没有联系，大脑是否能对新信息进行储存呢？我常常想这一问题。大脑可以通过各种不同的记忆途径把新信息储存在长时记忆中，例如，把信息以韵律或动作的形式呈现出来，可以促进信息的记忆。而在此过程中如果能唤起学生的学习情感，则更有利于他们记忆信息，有时指出相关信息的异同也可以帮助学生理解信息，并储存信息。

要完成复杂的认知任务，学生必须具备大量的知识，如理解课文、演示技能，这些学习活动均需要大量的工作记忆参与其中，因此，工作记忆对信息的保留只是一种暂时性的保存，并不足以完成复杂的认知活动，学生必须在此基础上，把新知识的工作记忆和过去学习体验的长时记忆联系起来。举个例子，学生要读懂一个故事，那他就必须记住先前出现过的人物角色和故事场景，那么在看到相关的人物指称和代词提示时，他才能跟上故事的情节发展。此外，学生还需要相关的上下文信息，结合过去读过的文章，从逻辑上整合文中句子提到的信息。同样地，在做数学运算题时，学生必须记住每个换算步骤的结果（心算数学问题）。这时，长时记忆与工作记忆是在交替工作的。

长时记忆可以分为外显记忆和内隐记忆两种。而这两种记忆还可以细分为一些具有明确功能的记忆（如图A.5所示）。

要点提示：把信息转为长时记忆，记忆系统必须经历几个不同的过程。

外显记忆

在完成任务的过程中有意识地回顾过往的学习体验，是对外显

图A.5 长时记忆分类

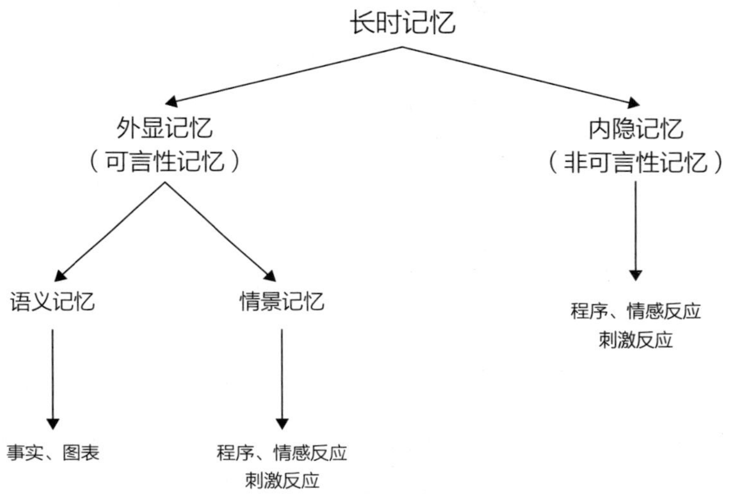

记忆的加深巩固（Sousa，2017），把外显记忆看作一种直接记忆，这样会更易于理解（Baddeley，1999）。外显记忆由长时记忆构成，这种长时记忆是通过有意识的学习获得的，包括语义记忆和情景记忆。虽然这两者都是借助相同的大脑结构——海马回来形成记忆的，但是它们却属于不同的记忆类型，海马回不断地重复信息碎片，直到相应的大脑皮层接收信息，进而形成永久性记忆。

对教育工作者而言，对情景记忆和语义记忆进行区分是非常重要的。托尔文（Tulving，1999）提出，情景记忆是学生对待特定实践的记忆，而语义记忆是学生对所学知识的理解。记忆的前提是理解，然而理解并不等同于记忆，为此，教师应该根据这两种记忆的特性帮助学生习得知识，并提高学业成绩。多元化的学习体验会促进情景记忆和语义记忆的形成，与此同时，各式各样的学习体验成了记忆提取的基础。

语义记忆和情景记忆都涉及事实性知识，它们既可以存放于大脑中，又可以用语言进行解释，所以也称为可言性记忆（Wolfe，2010）。

情景记忆

托尔文（Tulving，1985）指出，情景记忆是自我知觉的，即自主意识。情景记忆是对事件、场景和人物的记忆。这就好比一个故事，包括事件的开端、发展和结局，这些记忆具有鲜明的时间和空间特点。因此，通过有意识的回忆，我们可以回想起过去的经历。大脑的海马回是情景记忆的储存所。该结构会依据事件类型、经历和发生地点对相关经历进行分类。

一个对伦敦出租车司机脑部结构变化的研究，为如何改变大脑构造、增强记忆提供了依据。要成为伦敦的出租车司机，应聘者必须参加一个为期两年的培训。在此期间，培训者接受了两次脑部扫描，一次是在开始培训前，另一次是在培训结束后。通过对比发现，这两年的训练促使了他们大脑海马回的增长，并且随着驾驶经验的增加，他们的大脑还在不断地优化（Brown，2011）。

由此可见，情景记忆是与情景相关的。研究结果表明，置身于特定的场景下去回忆相关的学习经历，更容易唤醒记忆（Baddeley，1999）。

语义记忆

语义记忆是理智性的或认知性的。语义记忆所包含的信息不受接收信息的具体时间和空间的影响，语义记忆是非情景化的概念理解，包括事实、语言和概念。语义记忆也是通过海马回储存的，然而这个组织结构太小，不能存储所有的语义记忆，所以它把所有的资料妥善地保存在大脑皮层相对应的区域，但这个转移的过程需要一些时间（还需要睡眠）。海马回还会对信息进行分类，以便于提取记忆，大多数学者都认为，海马回并没有参与语义记忆的提取。一个特定的学习过程会促使语义记忆的形成，抽取信息也会更迅速；但是，语义记忆的形成往往需时较长，可能几天、几个月甚至几年（Wiltgen et al., 2010）。

语义记忆的学习不是一蹴而就的，它需要多次的重复学习。形成概括性的语义知识后，记忆会相对稳定，而与之相关的特定时间和地点就会被遗忘。

要点提示：教学是以教授学生外显记忆为主的。

内隐记忆

内隐记忆也称为**非可言性记忆**。外显记忆是有意识的学习，与之相反，内隐记忆是偶然的或无意识的学习。内隐记忆是**间接性的**学习（Baddeley，1999），这种记忆的初始阶段具有外显性，但通过多次重复学习后就会具有内隐的性质。其实就相当于，人们常常无意识地完成一些习惯性的动作，正如驾驶汽车一样，司机在驾驶汽车的时候，不会有意识地去参考驾驶说明书。除了程序性知识以外，内隐记忆还包括情绪反应、技能习惯和刺激反应。

程序性记忆

这是我们“知道如何进行”的记忆，程序性记忆是一个没有时间限制，也不涉及有意识的回忆。程序性记忆也可称为肌觉记忆，但程序性记忆可以分为自发性的记忆和非自发性的记忆（Levine，2002）。基底节和小脑都参与了这一类型的记忆过程。

熟练的一连串动作序列，会储存在程序性记忆里。程序性记忆可以是一个自发的过程，如骑自行车、试穿鞋子；程序性记忆也可以是一个非自发性的过程，如讲述一个完整的故事情节，按照科学的方法按部就班地操作某个程序。

又比如说，在学习礼貌待人时，对别人说“请”和“谢谢”就是一个非常好的习惯。

情感记忆

如果仔细看一下位于大脑中央的类扁桃体，我们就会发现它和丘脑距离很近，有人说，它们之间只是一个神经细胞之隔（Goleman，2013）。类扁桃体作为情感信息的加工系统，意味着大脑能迅速接收和过滤情感情绪——能够进入大脑皮层的信息将被用以高阶思考和识别，但在此之前，类扁桃体会首先筛选出情感信息。因此，被选出的非情感信息就会存放于类扁桃体内。类扁桃体对情感信息作出的一系列加工处理，是在我们无意识的情况下发生的。

刺激反应

作为一种反射记忆，刺激反应是对某一特定刺激做出的反应，这就好比“热炉效应”——碰到滚烫的炉子时，你的手会马上收回（译者注）。又或者，听到别人打喷嚏时，你会马上说：“上帝保佑你。”学习反义词时，我说出一个单词，学生就会“不假思索”地喊出意思相反的词语，比如，我说“停”，学生就马上说“走”。训练学生对知识的反应速度，可以使用示教图片和饶舌歌。很多人认为刺激反应是“自动的”（Sprenger，2010）。

要点提示：内隐记忆会比外显记忆更牢固、更持久。

附录B

组织图

图B.1 韦恩图

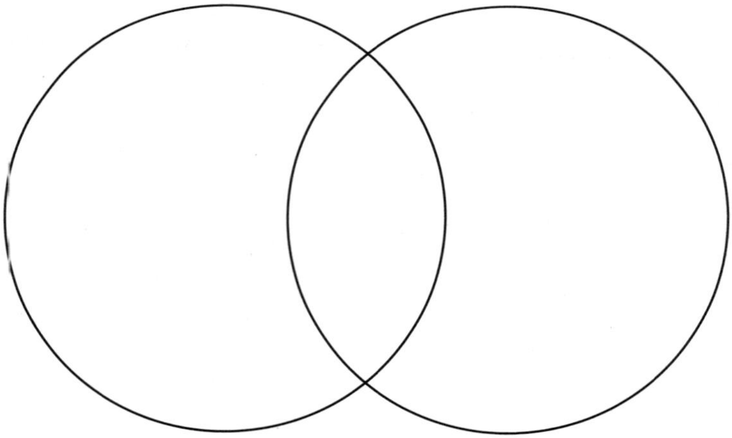

图B.2 思维导图

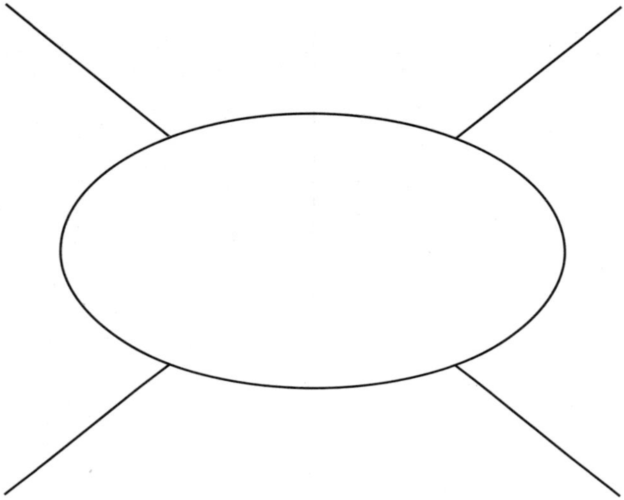

图B.3 KWHLU图表

K代表已经知道的知识，W代表想要知道的知识，H代表如何学习知识，L代表已经学到的知识，U代表如何在实践中运用知识。

K	W	H	L	U

图B.4 T图表

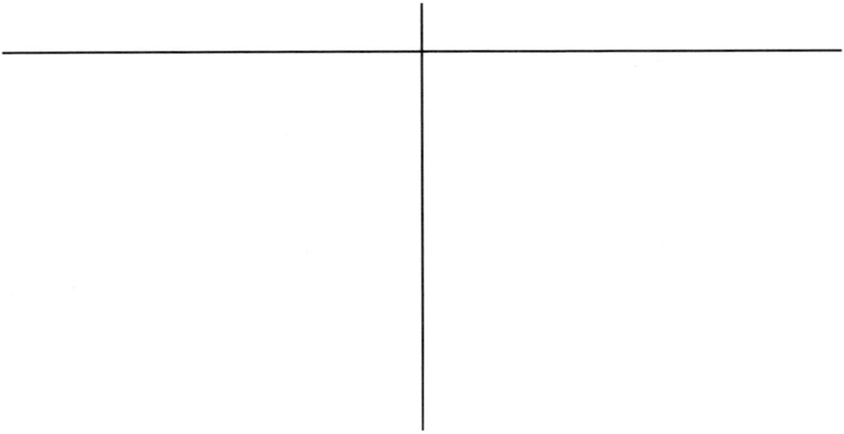

图B.5 层次结构图

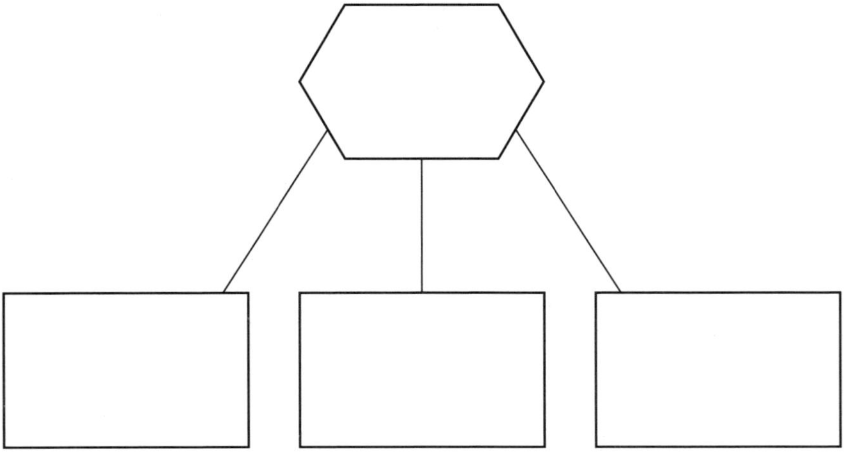

图B.6 序列图表

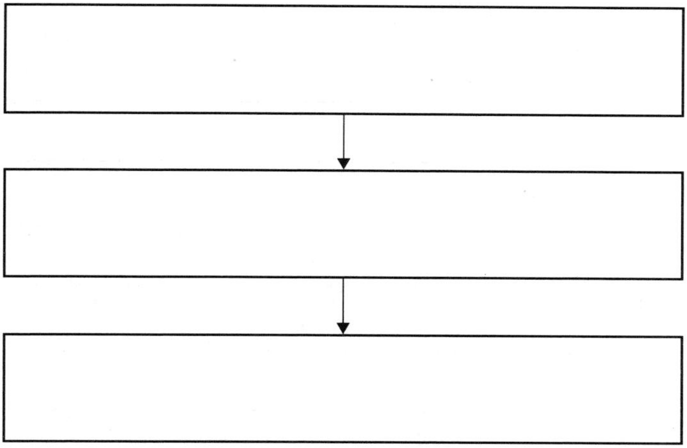

图B.7 学习成效图

加	减	兴趣

加：通过学习掌握了什么知识？
减：在学习中遇到了什么困难？有哪些不懂的地方？
兴趣：还有哪些是自己感兴趣的内容？

图B.8 因果关系图表

发生了什么？

因为

因为

因为

图B.9 因果关系思维导图

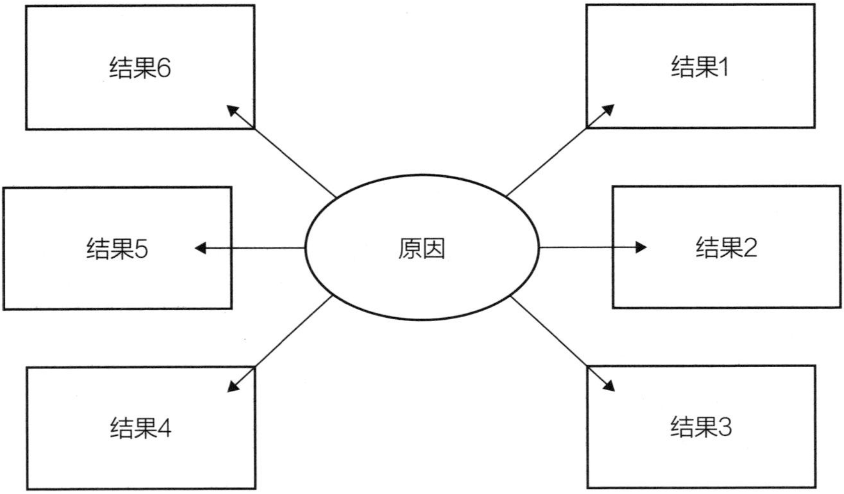

图B.10 因果关系链

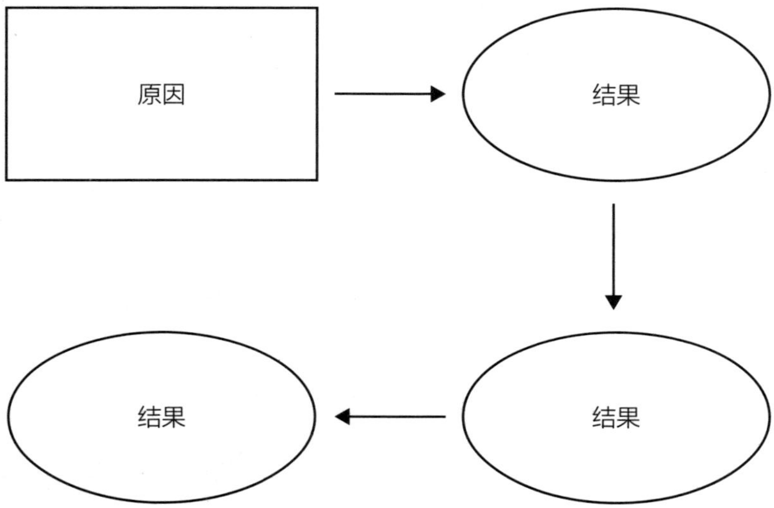

图B.11 举例专用图表

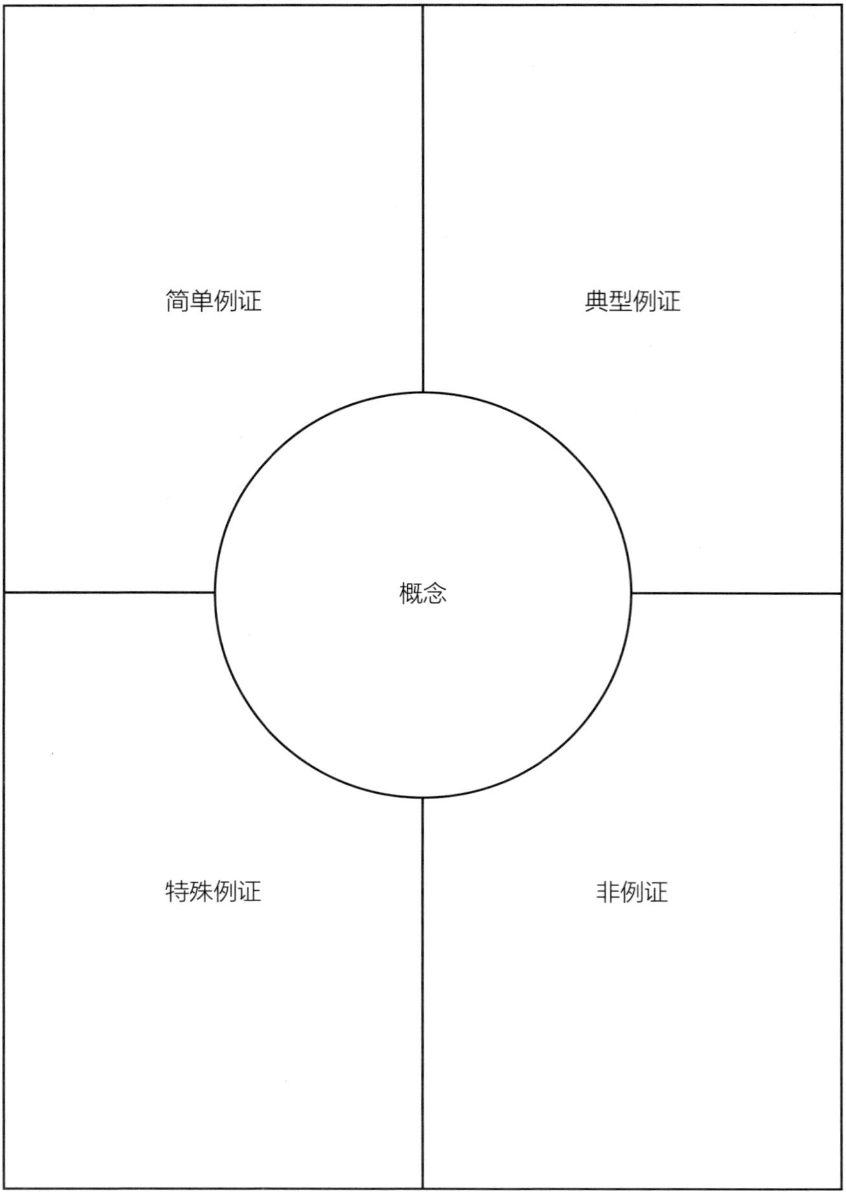

“常青藤”书系—中青文教师用书总目录

	书名	书号	定价
	特别推荐——从优秀到卓越系列		
★	从优秀教师到卓越教师：极具影响力的日常教学策略（入选浙江省教师节用书）	9787515312378	33.80
★	从优秀教学到卓越教学：让学生专注学习的最实用教学指南	9787515324227	39.90
★	从优秀学校到卓越学校：他们的校长在哪些方面做得更好	9787515325637	33.80
★	卓越课堂管理（中国教育新闻网2015年度“影响教师的100本书”）	9787515331362	88.00
	名师新经典/教育名著		
	在芬兰中小学课堂观摩研修的365日	9787515363608	49.00
★	马文·柯林斯的教育之道：通往卓越教育的路径（《中国教育报》2019年度“教师喜爱的100本书”，中国教育新闻网“影响教师的100本书”。朱永新作序，李希贵力荐）	9787515355122	49.80
★	如何当好一名学校中层：快速提升中层能力、成就优秀学校的31个高效策略	9787515346519	29.00
★	像冠军一样教学：引领学生走向卓越的62个教学诀窍	9787515343488	49.00
	像冠军一样教学 2：引领教师掌握62个教学诀窍的实操手册与教学资源	9787515352022	68.00
★	如何成为高效能教师（美国最畅销教师用书，销量超过350万册，教师培训第一书）	9787515301747	89.00
★	给教师的101条建议（第三版）（《中国教育报》“最佳图书”奖）	9787515342665	33.00
★	改善学生课堂表现的50个方法（入选《中国教育报》“影响教师的100本书”）	9787500693536	33.00
	改善学生课堂表现的50个方法操作指南：小技巧获得大改变	9787515334783	29.00
★	优秀教师一定要知道的17件事（美国当前最有影响教育畅销书作者全新力作）	9787515342726	23.00
	美国中小学世界历史读本 / 世界地理读本 / 艺术史读本	9787515317397等	106.00
	美国语文读本1-6	9787515314624等	252.70
	和优秀教师一起读苏霍姆林斯基	9787500698401	27.00
	快速破解60个日常教学难题	9787515339320	39.90
★	美国最好的中学是怎样的——让孩子成为学习高手的乐园	9787515344713	28.00
	建立以学习共同体为导向的师生关系：让教育的复杂问题变得简单	9787515353449	33.80
	教师成长/专业素养		
	卓越教师工具包：帮你顺利度过从教的前5年	9787515361345	49.00
★	可见的学习与深度学习：最大化学生的技能、意志力和兴奋感	9787515361116	45.00
	学生教给我的17件重要的事：带给你爱、勇气、坚持与创意的人生课堂	9787515361208	39.80
★	教师如何持续学习与精进	9787515361109	39.00
	从实习教师到优秀教师	9787515358673	39.90
	像领袖一样教学：改变学生命运，使学生变得更好（中国教育新闻网2015年度“影响教师的100本书”）	9787515355375	49.00
★	你的第一年：新教师如何生存和发展	9787515351599	33.80
	教师精力管理：让教师高效教学，学生自主学习	9787515349169	28.00
	如何使学生成为优秀的思考者和学习者：哈佛大学教育学院课堂思考解决方案	9787515348155	39.80
	反思性教学：一个已被证明能让所有教师做到最好的培训项目（30周年纪念版）	9787515347837	49.00
★	凭什么让学生服你：极具影响力的日常教育策略（中国教育新闻网2017年度“影响教师的100本书”）	9787515347554	28.00
	运用积极心理学提高学生成绩（中国教育新闻网2017年度“影响教师的100本书”）	9787515345680	39.80
	可见的学习与思维教学：成长型思维教学的54个教学资源：教学资源版	9787515354743	36.00
★	可见的学习与思维教学：让教学对学生可见，让学习对教师可见（中国教育报2017年度“教师最喜爱的100本书”）	9787515345000	29.80

	书名	书号	定价
	教学是一段旅程：成长为卓越教师你一定要知道的事	9787515344478	39.00
	安奈特·布鲁肖写给教师的101首诗	9787515340982	35.00
	万人迷老师养成宝典学习指南	9787515340784	28.00
	中小学教师职业道德培训手册：师德的定义、养成与评估	9787515340777	32.00
	成为顶尖教师的10项修炼（中国教育新闻网2015年度“影响教师的100本书”）	9787515334066	35.00
★	T. E. T. 教师效能训练：一个已被证明能让所有年龄学生做到最好的培训项目（30周年纪念版）（中国教育新闻网2015年度“影响教师的100本书”）	9787515332284	49.00
	教学需要打破常规：全世界最受欢迎的创意教学法（中国教育新闻网2015年度“影响教师的100本书”）	9787515331591	45.00
	10天卓越教师自我培训（教育家安奈特·布鲁肖顶尖卓越教师培训教材）	9787515329925	29.00
	给幼儿教师的100个创意：幼儿园班级设计与管理 / 为幼升小做准备	9787515330310等	58.00
	给小学教师的100个创意：发展思维能力	9787515327402	29.00
	给中学教师的100个创意： 如何激发学生的天赋和特长 / 杰出的教学 / 快速改善学生课堂表现	9787515330723等	87.90
	以学生为中心的翻转教学11法	9787515328386	29.00
	如何使教师保持职业激情	9787515305868	29.00
★	如何培训高效能教师：来自全美权威教师培训项目的建议	9787515324685	32.00
	良好教学效果的12试金石：每天都需要专注的事情清单	9787515326283	29.90
★	让每个学生主动参与学习的37个技巧	9787515320526	45.00
	给教师的40堂培训课：教师学习与发展的最佳实操手册	9787515352787	39.90
	提高学生学习效率的9种教学方法	9787515310954	27.80
★	优秀教师的课堂艺术：唤醒快乐积极的教学技能手册	9787515342719	26.00
★	万人迷老师养成宝典（第2版）（入选《中国教育报》“2010年影响教师的100本书”）	9787515342702	39.00
	高效能教师的9个习惯	9787500699316	26.00
	课堂教学/课堂管理		
	跨学科项目式教学：通过“+1”教学法进行计划、管理和评估	9787515361086	49.00
	课堂上最重要的56件事	9787515360775	35.00
★	全脑教学与游戏教学法	9787515360690	39.00
★	深度教学：运用苏格拉底式提问法有效开展备课设计和课堂教学	9787515360591	49.90
★	一看就会的课堂设计：三个步骤快速构建完整的课堂管理体系	9787515360584	39.90
	如何有效激发学生学习兴趣	9787515360577	38.00
	如何解决课堂上最关键的9个问题	9787515360195	49.00
	多元智能教学法：挖掘每一个学生的最大潜能	9787515359885	39.90
★	探究式教学：让学生学会思考的四个步骤	9787515359496	39.00
	课堂提问的技术与艺术	9787515358925	49.00
	如何在课堂上实现卓越的教与学	9787515358321	49.00
	基于学习风格的差异化教学	9787515358437	39.90
★	如何在课堂上提问：好问题胜过好答案	9787515358253	39.00
★	高度参与的课堂：提高学生专注力的沉浸式教学	9787515357522	39.90
	让学习变得有趣	9787515357782	39.00
★	如何利用学校网络进行项目式学习和个性化学习	9787515357591	39.90

书名	书号	定价
基于问题导向的互动式、启发式与探究式课堂教学法	9787515356792	49.00
如何在课堂中使用讨论：引导学生讨论式学习的60种课堂活动	9787515357027	38.00
如何在课堂中使用差异化教学	9787515357010	39.90
★ 如何在课堂中培养成长型思维	9787515356754	39.90
每一位教师都是领导者：重新定义教学领导力	9787515356518	39.90
★ 教室里的1-2-3魔法教学：美国广泛使用的从学前到八年级的有效课堂纪律管理	9787515355986	39.90
如何在课堂中使用布卢姆教育目标分类法	9787515355658	39.00
如何在课堂上使用学习评估	9787515355597	39.00
7天建立行之有效的课堂管理系统：以学生为中心的分层式正面管教	9787515355269	29.90
积极课堂：如何更好地解决课堂纪律与学生的冲突	9787515354590	38.00
设计智慧课堂：培养学生一生受用的学习习惯与思维方式	9787515352770	39.00
追求学习结果的88个经典教学设计：轻松打造学生积极参与的互动课堂	9787515353524	39.00
从备课开始的100个课堂活动设计：创造积极课堂环境和学习乐趣的教师工具包	9787515353432	33.80
老师怎么教，学生才能记得住	9787515353067	48.00
多维互动式课堂管理：50个行之有效的方法助你事半功倍	9787515353395	39.80
智能课堂设计清单：帮助教师建立一套规范程序和做事方法	9787515352985	49.90
提升学生小组合作学习的56个策略：让学生变得专注、自信、会学习	9787515352954	29.90
快速处理学生行为问题的52个方法：让学生变得自律、专注、爱学习	9787515352428	39.00
王牌教学法：罗恩·克拉克学校的创意课堂	9787515352145	39.80
让学生快速融入课堂的88个趣味游戏：让上课变得新颖、紧凑、有成效	9787515351889	39.00
★ 如何调动与激励学生：唤醒每个内在学习者（李希贵校长推荐全校教师研读）	9787515350448	39.80
合作学习技能35课：培养学生的协作能力和未来竞争力	9787515340524	59.00
基于课程标准的STEM教学设计：有趣有料有效的STEM跨学科培养教学方案	9787515349879	68.00
如何设计教学细节：好课堂是设计出来的	9787515349152	39.00
15秒课堂管理法：让上课变得有料、有趣、有秩序	9787515348490	33.80
混合式教学：技术工具辅助教学实操手册	9787515347073	39.80
从备课开始的50个创意教学法	9787515346618	29.00
中学生实现成绩突破的40个引导方法	9787515345192	33.00
给小学教师的100个简单的科学实验创意	9787515342481	39.00
老师如何提问，学生才会思考	9787515341217	33.80
教师如何提高学生小组合作学习效率	9787515340340	39.00
卓越教师的200条教学策略	9787515340401	49.90
中小学生执行力训练手册：教出高效、专注、有自信的学生	9787515335384	33.80
从课堂开始的创客教育：培养每一位学生的创造能力	9787515342047	33.00
提高学生学习专注力的8个方法：打造深度学习课堂	9787515333557	35.00
改善学生学习态度的58个建议	9787515324067	36.00
★ 全脑教学（中国教育新闻网2015年度“影响教师的100本书”）	9787515323169	38.00
★ 全脑教学与成长型思维教学：提高学生学习力的92个课堂游戏	9787515349466	39.00
★ 哈佛大学教育学院思维训练课	9787515325101	36.00
完美结束一堂课的35个好创意	9787515325163	28.00
如何更好地教学：优秀教师一定要知道的事（被英国教育界奉为圣经的教学用书）	9787515324609	36.00
带着目的教与学	9787515323978	28.00

	书名	书号	定价
★	美国中小学生社会技能课程与活动（学前阶段/1-3年级/4-6年级/7-12年级）	9787515322537等	153.80
	彻底走出教学误区：开启轻松智能课堂管理的45个方法	9787515322285	28.00
	破解问题学生的行为密码：如何教好焦虑、逆反、孤僻、暴躁、早熟的学生	9787515322292	36.00
	13个教学难题解决手册	9787515320502	28.00
★	让学生爱上学习的165个课堂游戏	9787515319032	39.00
	美国学生游戏与素质训练手册：培养孩子合作、自尊、沟通、情商的103种教育游戏	9787515325156	49.00
	老师怎么说，学生才会听	9787515312057	28.00
	快乐教学：如何让学生积极与你互动（入选《中国教育报》"影响教师的100本书"）	9787500696087	29.00
★	老师怎么教，学生才会提问	9787515317410	29.00
★	快速改善课堂纪律的75个方法	9787515313665	28.00
★	教学可以很简单：高效能教师轻松教学7法	9787515314457	39.00
★	好老师可以避免的20个课堂错误（入选《中国教育报》"影响教师的100本图书"）	9787500688785	39.90
★	好老师应对课堂挑战的25个方法（《给教师的101条建议》作者新书）	9787500699378	25.00
★	好老师激励后进生的21个课堂技巧	9787515311838	39.80
★	开始和结束一堂课的50个好创意	9787515312071	29.80
	好老师因材施教的12个方法（美国著名教师伊莉莎白"好老师"三部曲）	9787500694847	22.00
★	如何打造高效能课堂（美国《学习》杂志"教师必选"奖，"激励教师组织"推荐书目）	9787500680666	29.00
	合理有据的教师评价：课堂评估衡量学生进步	9787515330815	29.00
	班主任工作/德育		
★	北京四中8班的教育奇迹	9787515321608	36.00
★	师德教育培训手册	9787515326627	29.80
	中小学教师职业道德培训手册：师德的定义、养成与评估	9787515340777	32.00
★	好老师征服后进生的14堂课（美国著名教师伊莉莎白"好老师"三部曲）	9787500693819	39.90
	优秀班主任的50条建议：师德教育感动读本（《中国教育报》专题推荐）	9787515305752	23.00
	学校管理/校长领导力		
★	学校管理最重要的48件事	9787515361055	39.80
	重新设计学习和教学空间：设计利于活动、游戏、学习、创造的学习环境	9787515360447	49.90
	重新设计一所好学校：简单、合理、多样化地解构和重塑现有学习空间和学校环境	9787515356129	49.00
	让樱花绽放英华	9787515355603	79.00
	学校管理者平衡时间和精力的21个方法	9787515349886	29.90
	校长引导中层和教师思考的50个问题	9787515349176	29.00
	如何定义、评估和改变学校文化	9787515340371	29.80
	优秀校长一定要做的18件事（入选《中国教育报》"2009年影响教师的100本书"）	9787515342733	26.00
	学科教学/教科研		
	北京四中语文课：千古文章	9787515360973	59.00
	北京四中语文课：亲近经典	9787515360980	59.00
	从备课开始的56个英语创意教学：快速从小白老师到名师高手	9787515359878	49.90
	美国学生写作技能训练	9787515355979	39.90
	《道德经》妙解、导读与分享（诵读版）	9787515351407	49.00
	京沪穗江浙名校名师联手教你：如何写好中考作文	9787515356570	49.90
	京沪穗江浙名校名师联手授课：如何写好高考作文	9787515356686	49.80
★	人大附中中考作文取胜之道	9787515345567	39.80

书名	书号	定价
★ 人大附中高考作文取胜之道	9787515320694	33.80
★ 人大附中学生这样学语文：走近经典名著	9787515328959	33.80
四界语文（中国教育报2017年度“教师喜爱的100本书”）	9787515348483	49.00
让小学一年级孩子爱上阅读的40个方法	9787515307589	39.90
让学生爱上数学的48个游戏	9787515326207	26.00
轻松100 课教会孩子阅读英文	9787515338781	88.00
情商教育/心理咨询		
9节课，教你读懂孩子：妙解亲子教育、青春期教育、隔代教育难题	9787515351056	39.80
★ 学生版盖洛普优势识别器（独一无二的优势测量工具）	9787515350387	169.00
与孩子好好说话（获“美国国家育儿出版物（NAPPA）金奖”，沟通圣经）	9787515350370	39.80
中小学心理教师的10项修炼	9787515309347	36.00
★ 别和青春期的孩子较劲（增订版）（入选《中国教育报》“2009年影响教师的100本书”）	9787515343075	28.00
★ 100条让孩子胜出的社交规则	9787515327648	28.00
守护孩子安全一定要知道的17个方法	9787515326405	32.00
幼儿园/学前教育		
用蒙台梭利教育法开启0～6岁男孩潜能	9787515361222	45.00
德国幼儿的自我表达课：不是孩子爱闹情绪，是她/他想说却不会说！	9787515359458	59.00
德国幼儿教育成功的秘密： 近距离体验德国学前教育理念与幼儿园日常活动安排	9787515359465	49.80
美国儿童自然拼读启蒙课：至关重要的早期阅读训练系统	9787515351933	49.80
幼儿园30个大主题活动精选：让工作更轻松的整合技巧	9787515339627	39.80
★ 美国幼儿教育活动大百科：3-6岁儿童学习与发展指南用书 科学 / 艺术 / 健康与语言 / 社会	9787515324265等	600.00
蒙台梭利早期教育法：3-6岁儿童发展指南（理论版）	9787515322544	29.80
蒙台梭利儿童教育手册：3-6岁儿童发展指南（实践版）	9787515307664	33.00
★ 自由地学习：华德福的幼儿园教育	9787515328300	29.90
赞美你：奥巴马给女儿的信	9787515303222	36.00
史上最接地气的幼儿书单	9787515329185	39.80
教育主张/教育视野		
真实性学习：如何设计体验式、情境式、主动式的学习课堂	9787515363769	49.00
哈佛前1%的秘密（俞敏洪、成甲、姚梅林、张梅玲推荐 ）	9787515363349	59.90
基于七个习惯的自我领导力教育设计：让学校育人更有道，让学生自育更有根	9787515362809	69.00
终身学习：让学生在未来拥有不可替代的决胜力	9787515360560	49.90
颠覆性思维：为什么我们的阅读方式很重要	9787515360393	39.90
如何教学生阅读与思考：每位教师都需要的阅读训练手册	9787515359472	39.00
“互联网+”时代，如何做一名成长型教师	9787515340302	29.90
教出阅读力	9787515352800	39.90
为学生赋能：当学生自己掌控学习时，会发生什么	9787515352848	33.00
如何用设计思维创意教学：风靡全球的创造力培养方法	9787515352367	39.80
如何发现孩子：实践蒙台梭利解放天性的趣味游戏	9787515325750	32.00
如何学习：用更短的时间达到更佳效果和更好成绩	9787515349084	49.00
教师和家长共同培养卓越学生的10个策略	9787515331355	27.00
★ 如何阅读：一个已被证实的低投入高回报的学习方法	9787515346847	39.00

	书名	书号	定价
★	芬兰教育全球第一的秘密（钻石版）(《中国教育报》等主流媒体专题推荐，台湾地区教育类畅销书榜第一名）	9787515359922	59.00
	世界最好的教育给父母和教师的45堂必修课（《芬兰教育全球第一的秘密》2）	9787515342696	28.00
★	杰出青少年的7个习惯（精英版）(中小学图书馆推荐书目、中国青少年必读书目）	9787515342672	39.00
	杰出青少年的7个习惯（成长版）	9787515335155	29.00
★	杰出青少年的6个决定（领袖版）(中小学图书馆推荐书目、中国青少年必读书目、全国优秀出版物奖）	9787515342658	28.00
★	7个习惯教出优秀学生（第2版）(全球第一畅销书《高效能人士的七个习惯》教师版）	9787515342573	39.90
	学习的科学：如何学习得更好更快（入选中国教育网2016年度“影响教师的100本书”）	9787515341767	39.80
	杰出青少年构建内心世界的5个坐标（中国青少年成长公开课）	9787515314952	59.00
★	跳出教育的盒子（第2版）(美国中小学教学经典畅销书）	9787515344676	35.00
	夏烈教授给高中生的19场讲座（入选《中国教育报》“2013年最受教师欢迎的100本书”）	9787515318813	29.90
★	学习之道：美国公认经典学习书	9787515342641	39.00
★	翻转学习：如何更好地实践翻转课堂与慕课教学（中国教育新闻网2015年度“影响教师的100本书”）	9787515334837	32.00
★	翻转课堂与慕课教学：一场正在到来的教育变革	9787515328232	26.00
	翻转课堂与混合式教学：互联网+时代，教育变革的最佳解决方案	9787515349022	29.80
	翻转课堂与深度学习：人工智能时代，以学生为中心的智慧教学	9787515351582	29.80
★	奇迹学校：震撼美国教育界的教学传奇（中国教育新闻网2015年度“影响教师的100本书”）	9787515327044	36.00
★	学校是一段旅程：华德福教师1-8年级教学手记	9787515327945	49.00
★	高效能人士的七个习惯（30周年纪念版）(全球畅销书）	9787515360430	79.00

您可以通过如下途径购买：

1. 书　　店：各地新华书店、教育书店。
2. 网上书店：当当网（www.dangdang.com）、亚马逊中国网（www.amazon.cn）、天猫（zqwts.tmall.com）京东网（www.360buy.com）。
3. 团　　购：各地教育部门、学校、教师培训机构、图书馆团购，可享受特别优惠。

购书热线：010-65511270 / 65516873

如何在课堂中使用
差异化教学

ISBN：9787515357010
作　　者：[英] 麦克·格尔森
出 版 社：中国青年出版社
出版时间：2019.9
定　　价：39.90元

本书卖点

★ 畅销书《从备课开始的50个创意教学法》作者代表作、备受英美教师欢迎

★ 差异化课堂+差异化教学

25种课堂活动+15种课堂提问，打造差异化课程

15个课堂任务，聚焦课堂学生

25种课堂教学策略，提炼教师授课精髓

20种课堂词语和写作策略，提高学生表达能力